D1722036

Konstantin von Notz

Freiheit und Wahrhaftigkeit

Perspektiven für die digitale Revolution

 Herrenalber Forum

⌂ Herrenalber Forum Band 81

Beiträge zur Verleihung
des Bad Herrenalber Akademiepreises 2015
am 25. Oktober 2015 in Bad Herrenalb

Konstantin von Notz

Freiheit und Wahrhaftigkeit

Perspektiven für die digitale Revolution

Mit einer Laudatio von Dr. Gernot Meier

Herausgegeben von der
Evangelischen Akademie Baden und
dem Freundeskreis der
Evangelischen Akademie Baden e. V.

Bibliografische Information Der Deutschen Nationalbibliothek

Die Deutsche Nationalbibliothek verzeichnet diese Publikation in der Deutschen Nationalbibliografie; detaillierte biografische Daten sind im Internet über http://dnb.ddb.de abrufbar.

© Evangelische Akademie Baden, Karlsruhe 2016

Redaktion: Christine Jacob, Ralf Stieber
Satz und Herstellung: Gabi Höhn
Umschlaggestaltung: Ralf Stieber
Titelbild: © Andrea Dant – Fotolia.com
Druck: grube & speck, Karlsruhe

ISBN 978-3-89674-586-6

Inhalt

Vorwort

Das Bild von Konstantin von Notz im Fernsehen zeigt einen aufrechten Politiker mit einer klaren Diktion und Aussage. Wohl nur wenige Menschen vermuten, wenn sie ihn in dieser Situation erleben, dass in seiner Biografie kirchliches Engagement eine große Rolle spielt. Politische und kirchliche Aktivitäten gehören für ihn sogar seit seiner Jugend zusammen: „Die evangelische Lukasgemeinde in Frankfurt, zu der wir gehörten, hatte damals eine gute Jugendarbeit. Die Diskussionen, die wir dort führten, hatten auch ein politisches Moment", sagt er 2015 im Interview mit *Christ und Welt*.

Heute – als Bundestagsabgeordneter und netzpolitischer Sprecher der Fraktion Bündnis 90/Die Grünen – hat sein Interesse für soziale und kirchliche Belange nicht nachgelassen. So lag es nahe, ihn zur Veranstaltungsreihe „Die kleinen Androiden – reloaded. Der Maschinenmensch und die elektrische Katze" einzuladen. Konstantin von Notz fragte in seinem Vortrag in der Albrecht-Ludwigs-Universität Freiburg nach den „Veränderungen des Menschenbildes durch die Maschinen". Für diesen Vortrag wurde der Grünen-Politiker vom Freundeskreis der Evangelischen Akademie Baden zum Preisträger des Bad Herrenalber Akademiepreises 2015 gekürt.

Das „Herrenalber Forum" umfasst den prämierten Vortrag und die Rede von Konstantin von Notz anlässlich der Preisverleihung. Darin geht er detailliert auf die Folgen der Digitalisierung ein. Er bangt um den Erhalt

der demokratischen Grundrechte und der Freiheit:
„Die Digitalisierung verändert unsere Gesellschaft
längst grundlegend, und sie verändert tiefgreifend
auch unser Verständnis des Menschen. [...] Nach der
Vermessung der Welt erfolgt gerade die Vermessung
des Individuums, die Vermessung von uns allen." Diese Folgen – so fordert Konstantin von Notz – verlan-
gen ein „Einmischen" nicht nur vonseiten der Politik,
sondern auch vonseiten der Kirchen. Und in dieser
Hinsicht sieht er „Licht am Ende des Tunnels". Dazu
zählt auch, dass sich die Evangelische Akademie
Baden ausführlich mit dem Thema „Digitalisierung"
auseinandersetzt.

In die Publikation wurden außerdem Interviews auf-
genommen, in denen der Preisträger über Digitalisierung und sein Gottesverständnis spricht. Die Laudatio
zeigt schließlich einen Politiker, dem es um Wahrhaftigkeit und Standfestigkeit geht, wenn er seine Positionen vertritt – egal, ob auf dem politischen Parkett oder
in der Kirche.

Alexa Maria Kunz M.A.
Vorsitzende des Freundeskreises der
Evangelischen Akademie Baden e. V.

Dr. Gernot Meier
Studienleiter
Evangelische Akademie Baden

Karlsruhe, im März 2016

Wahrheit, Freiheit und Bescheidenheit

Laudatio für Konstantin von Notz[1]

Gernot Meier

Wahrheit, Freiheit und Bescheidenheit, unter diese Überschrift möchte ich die Laudatio zur Verleihung des diesjährigen Bad Herrenalber Akademiepreises stellen.

Konstantin von Notz: 1971 in Mölln, Schleswig-Holstein, geboren. Erste Lebensjahre in Hamburg, Jugend, Schule, Abitur in Frankfurt am Main. Zivildienst, Jurastudium, Landgericht Lübeck, Rechtsanwalt in Mölln, politische Tätigkeit, Familie, Leben zwischen Mölln und Berlin, Mitglied des Bundestages. Der Kurzsteckbrief sagt mir: Ein Leben in Bewegung.

Konstantin von Notz ist mir bei meiner Recherche für die Vortragsreihe der Evangelischen Akademie Baden, „Die kleinen Androiden – reloaded. Der Maschinenmensch und die elektrische Katze" begegnet. Mit dem Informatiker Prof. Dr. Stephan Trahasch planten wir nach der ersten erfolgreichen Reihe in Karlsruhe eine zweite in Freiburg. Ich war auf der Suche nach jemandem, der Innenpolitik, Datenschutz und Bürgerrechte miteinander verband. Ziel dieser Reihe war, noch stär-

---

1   Gehalten am 25. Oktober 2015 anlässlich der Verleihung des Bad Herrenalber Akademiepreises.

ker die Lebenswelt und die kulturellen Veränderungen in den Blick zu nehmen, welche die digitale Revolution mit sich brachte.

Wir suchten jemanden, der einerseits nicht davor zurückschreckt, sich offensiv mit Themen aus dem Herzen der Demokratie und der Digitalisierung zu befassen, sich aber andererseits auch auf Fragen der Menschen direkt einlassen kann und für den der Aspekt der Religion und die Position der religiösen Akteure bedeutsam sind.

So hat sich Konstantin von Notz an einem heißen Sommerabend auf den Weg nach Freiburg zur Evangelischen Akademie gemacht.

Bei der Veranstaltung in den Räumen der Universität begegnete mir und dem Publikum dann ein junger Jurist und Politiker, der sich nicht hinter Floskeln oder politischen Blasen versteckte, die ich und sicherlich auch Sie den ganzen Tag als eloquente nichtssagende Rhetorik höre, sondern ein Mann, der um meine Freiheit und meine Rechte in diesem Staat ringt und für mich aktiv ist. Der Titel seines Vortrags hieß: „Veränderungen des Menschenbildes durch die Maschinen? Der neue Umgang mit Informationen und Daten".

Der Vortrag und vor allem auch die Diskussion danach waren geprägt von einem Menschenbild, das meines Erachtens tief in protestantischen Positionen verwurzelt ist. Die Teilnehmerinnen und Teilnehmer der Veranstaltung spürten, dass Konstantin von Notz um dieses

Menschenbild ringt, sich transparent macht, Position bezieht und bereit ist, sich mit der Gesamtheit der digitalen Revolution auseinander zu setzen und nicht nur partikular über dieses Feld nachzudenken. Vor allem auch für die Mehrheit der Menschen einzutreten, die eben nicht wie einige wenige die Möglichkeit haben, eine digitale Selbstverteidigung vorzunehmen oder über ein abhörsicheres Smartphone zu verfügen.

Wie kommt so etwas?
Oder: Das Leben in seiner ganzen Breite[2]

1991 begann Konstantin von Notz seinen Zivildienst in der Bahnhofsmission in Frankfurt: Das bedeutete das Kennenlernen harten rauen Lebens, jeden Tag die Konfrontation mit Menschen in prekären Lebenslagen, Menschen am Rande, aufregende Situationen und glückliche Begegnungen. Das bedeutete in der Frankfurter Bahnhofswirklichkeit 365 Tage im Jahr und 24 Stunden Schichtdienst. Begegnungen mit Trauer, Tränen, Wut, mit Lachen und Nachdenklichkeit über unsere Gesellschaft und unser Leben. Konstantin von Notz sagte dazu: „Wir hatten alles: Amerikanische Touristen, denen man alles, wirklich alles gestohlen hatte, Menschen die auf ihrer Lebensreise hier gestrandet

---

2   Der Laudatio liegt ein längeres Gespräch des Autors
     mit Konstantin von Notz zugrunde.

sind, Drogenabhängige, Menschen auf dem Straßen-
strich – alles – das pure Leben."

Wie und wann begann Ihr politisches Engagement?

Bei dieser Frage hielt Konstantin von Notz inne, und
ich hatte den Eindruck, sehr verschiedene Stationen des
Lebens tauchen vor seinem inneren Auge auf: Zuerst
nannte er eine latent politische Schülerarbeit, den Ein-
satz für die Rechte von Schülerinnen und Schülern in
seiner Schulzeit. Parteipolitik war noch uninteressant.

Doch die nächste Antwort war verblüffend – ich rufe in
Erinnerung: Meine Frage war: „Wie begann das politische Engagement?" Die Antwort: „Nach meiner eigenen Entscheidung für die Konfirmation kamen 15 Jahre
kirchliche Jugendarbeit mit Konfirmierten und Konfir-
mandenarbeit." Jeder und jede, die in diesem speziellen
Bereich tätig waren, wissen, was das bedeutet. Hinzu
kam in der Folgezeit auch das Engagement als Kirchen-
ältester.

Ein Sprung nach Heidelberg. Konstantin von Notz stu-
diert im 3. Semester Jura. Was ist noch in dieser Zeit
passiert: Brandanschläge in Mölln, Bill Clinton und
Nelson Mandela werden Präsidenten, Nirvana löst sich
auf, Soundgarden und Limp Bizkit entstehen, Rage
Against the Machine läuft in den Clubs, Michael Schu-
macher wird Formel 1-Weltmeister und die allererste
Version des Netscape Navigators wird veröffentlicht.
Was als kleines Projekt begann, wird ein Baustein einer
nun allgemein zugänglichen Technologie, die heute

unter dem Begriff Digitale Revolution bekannt ist. Und vor allem: Zukünftige Juristinnen und Juristen der Universität Heidelberg fahren motiviert zu einer Demonstration gegen die neue Asylgesetzgebung. Und ein Studierender, der auf dieser Demonstration war, stellt für sich fest: „Auf dem Sofa haben alle recht, was zählt, ist aber auf dem Platz!" In dieser Zeit wird Konstantin von Notz Mitglied bei Bündnis 90/ DIE GRÜNEN in Heidelberg.

In Heidelberg promovierte Konstantin von Notz dann bei Prof. Dr. Jörg Winter über „Lebensführungspflichten im evangelischen Kirchenrecht". Dieses Thema betrifft aktuelle Fragen: Das Verhältnis von Staat und Kirche, Staat und Religion ist brisant wie immer. Für mich kommt die Frage nach Loyalitäten hinzu – wem bin ich letztendlich verantwortlich? Wie kommt mein Bezugssystem zustande?

Diese Fragen werden vor allem auch hinsichtlich der ehrenamtlichen Personen in der Kirche diskutiert: Kann jemand, der Mitglied bei der NPD ist, aktiv in einer Kirche tätig sein? Das ist bis heute eine brisante Frage.

Das zeigt auch die sehr große Netzdiskussion unter der Überschrift: Sonntag die Lesung in einer Gemeinde und am Montag die Ansprache auf der Demo der Pegida möglichst mit einem Kreuz mit den umlaufenden Farben Schwarz / Rot / Gold. Private Lebensführung und Glaubwürdigkeit kirchlicher Verkündigung – wie

hängt das zusammen? Welche Pflichten ergeben sich
und mit welchen Schwierigkeiten ist zu rechnen?

Im Jahr 2000 erfolgten der Umzug nach Schleswig-
Holstein und ein breiter Einstieg in die politische
Arbeit. Das hatte weitreichende Folgen für die Biogra-
fie von Konstantin von Notz.

Nennen kann ich die Daten und die Zahlen – die Arbeit
die dahinter steht, kann man nur erahnen: 2004: Mitglied des Kreisverbandes Herzogtum Lauenburg; bis
2009 Vorsitzender der grünen Fraktion in der Möllner
Stadtvertretung; 2001 bis 2005 Vorsitzender des Lan-
desschiedsgerichts, dessen Aufgabe es ist, Streitigkeiten
zwischen Parteimitgliedern oder zwischen Parteiorganen oder zwischen Parteimitgliedern und Parteiorganen oder zwischen Parteiorganen und den Organen der
Vereinigungen zu schlichten. Seit der Bundestagswahl
2009 Mitglied des Deutschen Bundestages. Seit 2013
stellvertretender Bürgermeister der Stadt Mölln.

*Ist so eine politische Position, so ein Lebensweg plan-
bar?*

„Manches" – meint der Preisträger – „sind Zufälligkei-
ten, manches hat gerade gepasst." Manche Entscheidungen aus dem ‚Bauch' heraus kamen zusammen und
ergaben dann im Nachhinein einen Weg.

Berlin und Mölln zwei Lebensorte: Die Themen neben
dem täglichen Politikgeschäft: Bürgerrechte, Datenschutz und eine offene Gesellschaft.

So ist klar, dass ihn vor allem die in diesem Kontext größte Herausforderung, die digitale Revolution, beschäftigt. Als Obmann der grünen Fraktion in der Enquete-Kommission „Internet und digitale Gesellschaft", als ordentliches Mitglied des Innenausschusses und des NSA-Untersuchungsausschusses. Aber genauso aktiv war er als Mitglied des Anwaltsnotdienstes z. B. bei den Protesten in Heiligendamm oder bei Transparency International.

Im Juni diesen Jahres bezeichnete die FAZ Konstantin von Notz als Politiker mit Weitblick und stellte die Frage:

> „Kaum einer wettert so gegen NSA und BND wie Konstantin von Notz. Dabei ist er weder Ideologe, noch fehlt ihm das Vertrauen in den Staat. Was treibt den Mann also an?"[3]

Es war abzusehen, dass die FAZ keine Antwort fand, die Konstantin von Notz angemessen zu beschreiben vermag, weil sie meines Erachtens noch alten Bildern nachhängt, wie Politiker zu sein haben. Und dieser Generation gehört er eben nicht mehr an. Ein Blick auf seine Homepage hätte genügt.

Erst bei den Kommentaren zum Artikel aus der FAZ wird klar, was ihn ausmacht: Hier schreibt Thilo Schmidt: Demokratisches und freiheitliches Bewusst-

---

3   FAZ vom 11.6.2015.

sein, der Wille als Abgeordneter seine Pflicht zu tun,
Bürgernähe, zukunftsweisendes Denken.

Von Notz veröffentlicht klar seine Nebentätigkeiten und
die Organisationen, die seine Sitzungsgelder bekommen. Genauso alle Anträge und Gesetzentwürfe, die er
eingebracht hat. Und das Preisgeld der Akademie, das
er heute bekommt, geht an die „Digitale Gesellschaft".

Wie gehen Sie mit Macht und Ohnmacht um?

„So einfach macht sich das alles nicht. Man muss einen
langen Atem haben und von seinem Anliegen überzeugt sein", sagt er. „Und jedem Politiker und jeder
Politikerin muss klar sein, dass Macht und auch das
Vertrauen immer auf Zeit übertragen sind und jederzeit
zu Ende gehen können."

Das führt meines Erachtens bei Konstantin von Notz
zu einer Doppelbewegung: Zum Engagement für
Wahrheit und Freiheit und damit verbunden zur gesellschaftlichen Gestaltung der Gegenwart als Aufgabe
aller Menschen.

Dazu gehört auch der klare und absolut kontrollierte
Auftritt vor dem Mikrofon. Aber auch Bescheidenheit
und das Wissen:

1.   Politische Arbeit: Sie ist anstrengend, ein Mandat
       ist durchaus eine harte Sache, und hinzu kommen
       Ansprüche, Projektionen und besondere Heraus-
       forderungen.

2.   Das Team: Für und mit Konstantin von Notz
     arbeiten sechs Personen, die genauso auf Privat-
     heit verzichten und mit hohem persönlichem Ein-
     satz unterwegs sind. Er sagte im Gespräch klar
     und deutlich: „Ohne Team geht gar nichts – ein-
     fach nichts."

So ist er mit diesem Team auch immer dran an den Dingen, die uns als Bürgerinnen und Bürger bewegen. Vor
allem auch an der Netzpolitik, einem Thema, das vor
sechs Jahren noch ein Schattendasein hatte und nun in
die Mitte der politischen und gesellschaftlichen Diskussion gerückt ist.

Im gleichen Takt wie z. B. die großen Internetkonzerne
das Internet zu einem Netz der Allgemeinen Geschäftsbedingungen gemacht haben, wie die Datensammelwut
mancher Länder und deren Einrichtungen zugenom-
men hat, die uns einfach so, weil wir an digitalen Medi-
en und digitaler Kultur partizipieren, abschnorcheln.

Nicht zu vergessen die aktuelle Diskussion, dass manche Versicherer gerade dabei sind, jeden Einzelnen
von uns nach ihrem Bilde zu gestalten oder die Folgen
des Urteils des Europäischen Gerichtshofes über die
Vorratsdatenspeicherung. Dies alles wird uns weiter
beschäftigen. Die Gesellschaft hat sich schon und wird
sich auch weiterhin massiv verändern.

Konstantin von Notz nennt immer wieder Edward
Snowden und sagt hier klar: „Um Demokratie, Rechts-

und Sozialstaatlichkeit muss gestritten und mitgestaltet werden."

Bei der Digitalisierung kommt noch hinzu, dass dieser Prozess gleichsam überall – aber kaum sichtbar – in alle, wirklich in alle unsere Lebensbereiche eingedrungen ist und sie schon maßgeblich bestimmt. „Wenn wir die Bürgerrechte im Netz verlieren, werden wir sie in allen Lebensbereichen verlieren", sagte Konstantin von Notz schon 2013. Hier treffen sich seine Positionen und die der Evangelischen Landeskirche in Baden in meinem Bereich Wissenschaft, Kultur und Medien.

Nach welchem Bilde wird der Mensch präfiguriert? Wie kann er sich in der digitalen Welt selbst behaupten, ja sogar Hoheit über die Daten seiner persönlichsten Lebensäußerungen wieder gewinnen?

Auch die Akademie ist ganz nah an diesen Themen dran. Die vielen Besucherinnen und Besucher der Reihe „Digitale Selbstverteidigung", die in diesem Jahr lief, zeigen, wie sehr sich die Menschen für dieses Thema interessieren.

Von Notz sieht hier klare Gefahren: Ist die besondere Privatsphäre von Medizinern, Rechtsanwälten, Psychiatern aber auch der Kirche und der Pfarrerinnen und Pfarrer wirklich gewährleistet? Dem möchte ich hinzufügen: Kann ich als Pfarrer heute das Seelsorge- und Beichtgeheimnis so klar zusichern wie vor der digitalen Revolution?

Konstantin von Notz sieht hier die Kirche vor einer großen Aufgabe als einen der wenigen großen und freien gesellschaftlichen Akteure: Die konsequente Begleitung der einzelnen Menschen und den prospektiven Blick auf die Gestaltung der Zukunft für alle. „Freifunk" von allen Kirchtürmen wäre ein erster Schritt, auch um den vielen Flüchtlingen einen einfachen digitalen Zugang in die Heimat zu ermöglichen.

Wo werden Sie in 10 Jahren stehen?

Auf diese Frage gab Konstantin von Notz lachend eine offene Antwort: „Ich hoffe, dass meine Taktung etwas langsamer wird und die Freude an der politischen Arbeit weiter so zunimmt, wie sie es bisher tut." Dann wurde er sehr nachdenklich und sagte: „Ich habe genug Gottvertrauen, dass sich das auch fügen wird. Dessen bin ich mir sicher."

Maschinenmacht und Menschenbild

Eine christliche Perspektive auf Freiheit und den elektronischen Kühlschrank[1]

Konstantin von Notz

„Die kleinen Androiden – reloaded. Der Maschinenmensch und die elektrische Katze". Das war ein cooler Titel für eine Vortragsreihe, der Spannendes versprach.

Denn neben den ständigen Berliner Diskussionen um die bundesdeutsche Innen- und Netzpolitik und den häufig sehr fachpolitischen Themen rund um Google, Microsoft und Facebook, die Vorratsdatenspeicherung, die Netzneutralität, das Urheberrecht, den Breitbandausbau, die US-amerikanische NSA und den bundesdeutschen BND ist es verlockend und schön, auch einmal das Große und Ganze in den Blick zu nehmen und grundlegende Fragen stellen zu können.

Das Thema gibt es her. Denn die Digitalisierung verändert nicht nur Kommunikation und Rezeption und wirft fundamentale demokratietheoretische Probleme auf, es stellen sich mit ihr so existenzielle und grundsätzliche Fragen für unser Leben, dass auch die Kirchen, Gemeinden und der einzelne Gläubige nicht drum her-

---

[1] Rede anlässlich der Verleihung des Bad Herrenalber Akademiepreises am 25. Oktober 2015.

um kommt, mit nach Antworten auf diese weitreichen-
den Fragen zu suchen.

Deswegen ist es so richtig wie wichtig, dass sich die
Evangelische Akademie Baden dieser Prozesse und
Fragen annimmt. Und deswegen freue ich mich sehr
über die Gelegenheit, hierüber heute zu Ihnen sprechen
zu dürfen.

Ich will meinen damaligen Vortrag an der Universität
Freiburg im Breisgau nicht schlichtweg wiederholen –
aber vielleicht gelingt es, jene meiner Thesen hier mit
einigen aktuellen Bezügen zu verbinden und weiterzu-
entwickeln.

Mein heutiger Kurzvortrag trägt den Titel: „Maschinen-
macht und Menschenbild. Eine christliche Perspektive
auf Freiheit und den elektronischen Kühlschrank".
Das klingt nach dem ganz großen Wurf, der finalen
Erzählung dieser so umfassenden digitalen Dynamik.
Das werde ich leider partout nicht leisten können. Aber
manchmal hilft ja schon – mit etwas Abstand und
Bedacht – ein Blick auf den Ist-Zustand entscheidend
weiter.

Zunächst möchte ich ganz deutlich sagen, dass die Digitalisierung als Technik großartige Chancen und Möglichkeiten mit sich bringt, die wir alle schon nutzen.
Die unser Leben oft verbessern und bequemer machen.

Aber als kritischer Geist muss man sich in solch gravie-
renden Transformationsprozessen gerade auch mit den

Problemen und Gefahren auseinandersetzen und deswegen komme ich heute zu zwei Thesen:

Die erste These, auf die Herr Meier bereits in seiner Laudatio verwiesen hat, lautet: *"Wenn wir unsere Grundrechte, und damit unsere Freiheit, im Internet und an unseren Rechnern verlieren, dann verlieren wir sie gleichsam in allen Lebensbereichen."*

Und ich möchte das ergänzen mit der etwas dramatischeren These: *"Wenn wir der Technik blind vertrauen, sind wir verloren."*

Es geht also in meinen Augen um nicht weniger als um Freiheit und Wahrhaftigkeit.

Der Ist-Zustand

Die Digitalisierung durchdringt unser Leben in atemberaubender Geschwindigkeit. Hatten vor wenigen Jahren nur ganz wenige von uns ein so genanntes „Smartphone", sind es heute schon fast zwei Drittel aller Handynutzer. Wenn Sie es jetzt gerade zur Sekunde noch nicht sein sollten, verspreche ich Ihnen, in kürzester Zeit, sind Sie, bin ich, sind wir alle, permanent, ununterbrochen, 24 Stunden am Tag, 7 Tage die Woche online. Mit unseren Telefonen und Rechnern, unserem Auto, am Arbeitsplatz sowie mit unseren technischen Geräten zuhause – vom Toaster bis zur Heizung. Man mag das mehr oder weniger schön finden, aber es wird dazu kommen.

In Umfragen geben 99 Prozent der Jugendlichen und jungen Erwachsenen an, regelmäßig im Internet zu sein. Es gibt nichts, was 99 Prozent der Menschen in diesem Alter verbindet – außer atmen, essen und trinken. Wenn man sich regelmäßig mit Umfragen beschäftigt, weiß man, was ein solcher Wert, was 99 Prozent bedeutet. Er bedeutet schlicht: alle.

Es ist eine permanente Revolution in der alten Welt, die uns direkt ins „Neuland" führt, um einen zum geflügelten Wort gewordenen Ausspruch der Kanzlerin aufzugreifen. Ein Ausspruch, der viel belächelt wurde und dennoch auch viel Wahres in sich trägt.

Klar ist: Die digitale Revolution wirft grundlegende gesellschaftliche Übereinkünfte über Bord – ob im Urheberrecht oder Datenschutz. Sie würfelt Produktionsketten und unsere Arbeitswelt genauso durcheinander wie unser Medien- und Freizeitverhalten. In Demokratien stellt diese Revolution den Gesetzgeber vor einschneidende Herausforderungen. Aber auch das Individuum. Und mit ihm unsere Gesellschaft. Und damit eben auch die Kirchen als wichtige gesellschaftsverankerte und wertegebundene Akteure. Zu Recht wird gesagt: Nach der Entwicklung der Sprache, der Schrift und des Buchdrucks ist die Digitalisierung der vierte kulturhistorische Schritt, der unsere Welt komplett umkrempelt.

Doch das Netz ist nicht vom Himmel gefallen. Es kam nicht über uns. Es wurde ersonnen – zunächst übrigens von Militärs. Seither wird es gestaltet und fortlaufend weiterentwickelt. Leider oftmals nicht von denen, die es gut mit uns meinen oder besonders altruistisch oder wertebezogen sind. Sondern oftmals von denen, die das Netz nutzen, um über Jahrhunderte errungene Freiheitsrechte zu relativieren und zu beschneiden, um Menschen zu überwachen oder gar Oppositionelle und vermeintliche Gegner zu fassen, zu foltern, zu töten.

Und es gibt diejenigen, die im Individuum vor allem einen Datenerzeuger für neue, immer lukrativere Geschäftsmodelle sehen und mit Hinweis auf die eigene Multinationalität lapidar darauf verweisen, dass man sich im grenzenlosen Internet nicht an nationale Gesetze halten könne, geschweige denn müsse. Das alles zeigt: Angesichts der weltumspannenden Architektur des Netzes, angesichts weltumspannender Datenflüsse gerät der Nationalstaat schnell an seine Grenzen. Das mag etwas düster klingen, aber der Umstand, dass es zuletzt überhaupt erst durch Gerichte wie dem Bundesverfassungsgericht oder dem Europäischen Gerichtshof zu Versuchen kam, sich diesen grundrechtlichen Relativierungen entgegenzustellen, weist auf dramatische Defizite bei der Gesetzgebung auf Bundes- und europäischer Ebene hin. Und das wiederum zeigt: Wir mischen uns nicht genug ein. Nicht als Zivilgesellschaft, nicht als Kirche und auch nicht als Staat. Dabei wären tatsächliche – auch gesetzgeberische – Handlungen überfällig.

Das Bewusstsein über die Relevanz der Entscheidungen, die heute gefällt oder vielmehr gerade nicht gefällt werden, ist allzu schwach ausgeprägt. Im Sommer 2013 – kurz nach den Snowden-Enthüllungen, kurz vor der Bundestagswahl – gaben lediglich drei Prozent der Befragten an, der Schutz vor Überwachung sei ein wichtiges Thema: Mithin war es das für 97 Prozent der Befragten eben nicht. Das ist dramatisch: Denn nach der Vermessung der Welt erfolgt gerade die Vermessung des Individuums, die Vermessung von uns allen. Und deswegen geht es um die Freiheit, die Freiheit von uns allen.

Digitalisierung und Freiheit

Wir werden heute schon getrackt und gescored, gerastert und beobachtet. Unsere Telefone zeichnen in jedem Moment auf, wo wir sind und übertragen diese Bewegungsprofile. Facebook kennt meinen Freundes- und Bekanntenkreis bis in die vierte und fünfte Ebene. Sie werden sagen: Aber ich kann mich doch entziehen. Das ist doch freiwillig. Und sonst schenke ich meinem Kind einfach Playmobil.

Ich habe hier eine Playmobilfigur mitgebracht, passend zum Reformationsjahr und zum Thema meines heutigen Vortrags: Ein Playmobil-Martin Luther. Aber selbst dieses analog daherkommende Spielzeug fordert

– wie Sie hier auf der Verpackung sehen – die Kinder
auf, ins Internet, auf die Seite von Facebook zu gehen
und den Plastik-Luther auf der Seite anzumelden. Wie
Sie sehen, leben wir inzwischen in einer Welt ohne große Opt-Out-Chancen.

Zu dieser also nur vermeintlichen Freiwilligkeit kommt
hinzu: Ein gigantisches globales Überwachungssystem
verschiedener, wohlgemerkt auch und vor allem west-
licher Geheimdienste filtert und rastert die Kommunikation dieses Planeten, sucht nach Verdächtigem und
Interessantem und speichert Vieles, um es im Zweifel
eines Tages noch einmal gegen uns verwenden zu können. Allein eine Mobilfunknummer oder die Kennung
des Chips in unserem Handy führen in manchen Teilen
dieser Welt dazu, dass Drohnen eine Hellfire-Rakete
ans Ziel bringen. Das Ziel sind dann immer all die
Personen, in deren Nähe sich gerade das Mobiltelefon
befindet. Ein Gerichtsverfahren findet nicht statt. Die
Tötungen nennt man „extralegal" – ein grauenvolles
Wort. Opfer sind alle, die verdächtig sind oder ihnen
im wahrsten Sinne des Wortes zufällig just nahe stehen. Offiziell ist ein legitimes Ziel, wer älter als zwölf
Jahre alt ist.

Sie denken, das alles ist weit weg? Weit gefehlt! Lei-
der! Die Drohnen, für die auch unser Geheimdienst die
Zieldaten liefert, werden von Menschen zehntausende
Kilometer entfernt gesteuert: über Deutschland, aus
Ramstein! Ein Beispiel dafür, wie unsere Welt durch

die Digitalisierung enger zusammenrückt. In diesem Falle ein ziemlich schreckliches.

Aber auch ohne so ein extremes Beispiel der Macht der Daten: Digitalisierung und die durch sie entstehenden Möglichkeiten betreffen uns alle. Die Technik ist nicht per se gut oder schlecht. Technologischer Fortschritt ist immer ambivalent.

Bald wird es in unseren Häusern und Wohnungen kein technisches Gerät mehr geben, das nicht mit dem Internet verbunden ist. Vom Kühlschrank bis zur Heizung, vom Toaster bis zum Radio. Die Industrie nennt das dann ein „Smart Home" inmitten des „Internets der Dinge". Das „alles wird noch viel smarter"-Versprechen ist ein verlockend klingendes – übrigens auch für uns Grüne. Versprochen wird eine um vielfach höhere Energieeffizienz, enorme Energie-Einspar- und Optimierungspotentiale, womöglich die Antwort auf den Klimawandel. Das klingt, gerade für einen Grünen, erst einmal gut, zweifelsohne.

Aber die eigentlichen Motive der meisten Datensammeleien sind nicht „Smart Homes", die Energieeffizienz oder gar andere hehre Ziele wie die Bekämpfung des Klimawandels. Es geht um neue Geschäftsmodelle und die sind schlicht zu beschreiben: Nachdem wir durch immer neue Formen und Bereiche der Datensammlungen exakt vermessen wurden (über „Payback-Karten", das „Smart Phone", neue Gesundheitsarmbänder und „Smart Homes"), droht uns die Einordnung in bestehende Raster, die Profilbildung unserer Person mittels Algorithmen, sprich errechnete Wahrscheinlichkeiten. Werde ich ein guter Schüler, eine fleißige Arbeitnehmerin, ein rechtstreuer Bürger, ein kostengünstiger, sprich ein gesunder Versicherungsnehmer, ein treuer Ehepartner, eine zahlungskräftige Kreditnehmerin? All das zeigen die über mich gesammelten Daten, verknüpft zu hoch aussagekräftigen Profilen, die immer in Beziehung gesetzt werden.

Für all diese so unterschiedlichen Fragen gibt es nach bestimmten Modellannahmen mathematische Wahrscheinlichkeiten. Das sind die neuen Geschäftsmodelle – und unsere Daten taxieren unseren Wert und damit unsere Zukunft. Es droht, wenn man es einmal konsequent durchdenkt, ein digitales Kastensystem, bei dem die so bestimmten Scorewerte aus den Daten meiner Eltern, meiner Gesundheit und meiner Postleitzahl mitbestimmen, was ich zukünftig darf oder eben auch nicht darf.

Wahrhaftigkeit der Technik

Und es gibt ein anderes fundamentales Problem bei der Digitalisierung, die Wahrhaftigkeit der Technik. Denn ganz aktuell häufen sich zusehends die Bedenken, wie neutral, wie integer, wie zuverlässig Soft- und Hard-

ware ist oder überhaupt nur sein kann. Hat der Algorithmus tatsächlich immer recht?

• Wir kämpfen mit schwerwiegendsten Sicherheits-
  problemen. Nicht nur große Firmen, das Bundes-
  kanzleramt und der Deutsche Bundestag wurden
  Opfer von Cyberangriffen, auch die führende
  Spezialfirma zur Bekämpfung von Trojanern,
  also schadhaften und manipulativen Computer-
  programmen – Kaspersky – merkte jüngst erst
  nach Monaten, dass sie unbemerkt und erfolgreich infiltriert worden war. Wenn Kaspersky
  nicht sicher ist, dann ist es niemand.

• Als der deutsche Bundesnachrichtendienst in den
  Jahren 2003/2004 Technik des US-Dienstes NSA
  übernahm und dafür diesen an die Glasfaser in
  Deutschland ließ, gab es begründete Sorgen sogar
  von Seiten des BND selbst. Denn es fehlte seiner-
  zeit eine Möglichkeit, um zu prüfen, ob es sich
  bei der bereitgestellten Hard- und Software nicht
  um ein gigantisches trojanisches Pferd handelte.
  Der Geheimdienst stand vor Geräten, auf deren
  Zuverlässigkeit und Rechtskonformität sich nur
  nach der Schlüssigkeit der Gebrauchsanweisung
  schlussfolgern ließ. Papier ist geduldig, ein Rou-
  ter praktisch unüberprüfbar.

Denn wenn man einen Chip verstehen will, kann man
ihn nur unterm Elektronenmikroskop abschaben, um
dann zu gucken, wie die Verbindungen laufen. Ein auf-

wendiges und teures Verfahren, an dessen Ende man nur einen zerstörten Chip in den Händen hält.

Dieses Problem ist ja letztlich auch der Kern des Skandals bei Volkswagen. Ein manipulierter Chip schaltet erfolgreich und über Jahre Millionen von Tests, Überprüfungen und Zertifizierungen aus. Ohne den etwas hemdsärmelig anmutenden Test einer kalifornischen Forschungsgruppe mit einer staubsaugerähnlichen Gerätschaft im Kofferraum wäre offenbar niemand dem weltweit größten Autobauer auf die Schliche gekommen. Bewusst vorprogrammierte Hintertüren gibt es heute in der Soft- und in der Hardware. Teilweise werden das Wissen und die Software-Schlüssel für diese „Sicherheitslücken"/Hintertüren übrigens von Staaten, auch der Bundesrepublik Deutschland, angekauft – nicht etwa um sie zu schließen und so die Sicherheit unserer digitalen Infrastrukturen und unseren persönlichen Schutz vor Ausspähung und Identitätsdiebstahl zu erhöhen, sondern um sie auszunutzen. Als Staat. Für die eigenen Zwecke.

Das alles zeigt: Wir haben bereits große Teile unserer Finanzmärkte, unserer Arbeitswelt, der Lenkung unserer Verkehrssysteme, unserer Kommunikation, des Gesundheitswesens und unserer Stromversorgung in eine Infrastruktur implementiert, die wir derzeit – das ist leider eine der bitteren Erkenntnisse der Aufklärung im Untersuchungsausschuss – nicht ansatzweise kontrollieren können. Das ist der schwierige Status Quo.

Conclusio

Sind wir dieser Entwicklung im Guten wie im Schlech-
ten – auf Gedeih und Verderb – einfach ausgeliefert?
Bestimmen wir noch die Technik oder die Technik
längst uns? Die letzten Jahre geben zweifelsohne Anlass
zur Sorge. Denn der Staat, die Politik, die Wähler, auch
die Kirchen, sie alle agieren viel zu unentschlossen.

Einige Beispiele seien angeführt:

- Seit zehn Jahren wurde in Deutschland kein rele-
  vantes Datenschutzgesetz mehr erlassen, dabei ist
  der bisher verfolgte Weg der „Selbstregulierung"
  krachend gescheitert.

- Seit Jahren blockiert eine Armada aus Lobby-
  isten und wirtschaftshörigen politisch Verantwortlichen einen angemessenen Datenschutz auf
  europäischer Ebene.

- Die neuesten Fortschritte in der Frage um ein
  „Recht auf Vergessen", gegen die Vorratsdatenspeicherung oder das Safe-Harbour-Abkommen
  haben wir einem mutigen Europäischen Gerichtshof und leider nicht der Legislative zu verdanken.

- Wenn eine frühere Verbraucherschutzministerin
  schwerste Datenschutzprobleme bei Facebook
  sieht, macht sie als Ministerin etwa nicht ein neu-
  es Gesetz oder lässt die Regulierungsbehörden

einschreiten, nein, sie tritt – aktionistisch aber
öffentlichkeitswirksam – persönlich bei Facebook
aus.

• Und der heutige Justizminister verkündet in der
  Debatte um Hassbotschaften und Morddrohun-
  gen in digitalen Netzwerken öffentlich: „Facebook, wir müssen reden". Als handele es sich
  um eine persönliche Beziehungskrise und nicht
  ein milliardenschweres Unternehmen, das die
  deutsche Rechtsordnung für seine 27 Millionen
  Mitglieder in Deutschland außer Kraft setzt. Der
  Staat hält sich hier aus einer falsch verstandenen
  Wirtschaftsfreundlichkeit zurück und macht sich
  kleiner, als er ist.

Wir müssen uns eingestehen, dass wir uns – als
Gesamtgesellschaft – bislang zu wenig mit all diesen
Fragen beschäftigt haben. Zum Beispiel mit der, wie der
Staat, wie das Parlament eigentlich glaubwürdig gegen
datenhungrige und übergriffige Unternehmen vorgehen
wollen, wenn diese Institutionen gerade selbst die verfassungsrechtlich hochproblematische Vorratsdatenspeicherung beschließen und damit die Kommunikation aller Bürgerinnen und Bürger – aller Seelsorger,
Ärztinnen, Anwälte und Geistlichen – ohne konkreten
Tatverdacht, auf Vorrat, gesetzlich anordnet?

Vor meinem Menschenbild, meinem Demokratiever-
ständnis und meinem Selbstverständnis von christlichem Glauben und Engagement gilt: Wenn wir nicht
von Technik und Algorithmen vermessen, beschränkt,

manipuliert und fremdbestimmt werden wollen, müssen wir den digitalen Wandel unserer Gesellschaft endlich aktiv gestalten – als Politik, als Gesellschaft und auch als Kirche. Dabei hilft es nicht Verzicht zu predigen. Denn das Ziehen des Steckers, die digitale Askese ist für die meisten Menschen weder Option noch eine Lösung!

Es gibt viel Anlass zur Hoffnung. Die Aufmerksamkeit für diese Themen ist in den letzten Jahren rasant gestiegen: Es gibt Whistleblower wie Snowden, kritische Journalistinnen und Journalisten sowie die parlamentarische Aufklärung, nicht zuletzt im Bundestag, aber neuerdings beispielsweise auch im Europarat und im UN-Menschenrechtsausschuss zu diesen Fehlentwicklungen. Es kommt zu immer mehr Demonstrationen und öffentlichen Diskussionen. Selbst oder vielmehr gerade auch die Unternehmen merken mittlerweile, dass der Verlust an Rechtsstaatlichkeit im Netz und damit auch an Verbrauchervertrauen ihren ökonomischen Interessen massiv schadet. Sie erhöhen den Druck auf die Politik, dies ist zumindest in den letzten Monaten verstärkt in den USA zu sehen, die sich mittlerweile, auch das vor allem in den USA, zu Konsequenzen genötigt fühlt.

Auch die Kirchen stellen sich inzwischen dieser Entwicklung. Da gibt es nicht nur das Engagement der Evangelischen Akademie Baden und regelmäßige Debatten auf Kirchentagen. So war ich letzte Woche erst auf dem Netzpolitischen Kongress der Evangelischen Jugend, die ein sehr ambitioniertes, mehrtägiges und gut besuchtes Programm zusammengestellt hatte.

Gemeinsam müssen wir laut und deutlich sagen, dass es für die Kirchen kein Zustand ist, wenn die Menschen bei der Seelsorge fürchten müssen, dass ihre Verbindungsdaten bei der Kontaktaufnahme gespeichert und potentiell auswertbar sind. Dass es ein massives Problem für Beratungsangebote ist, dass Menschen sich aufgrund der Sorge um eine Rückverfolgbarkeit nicht mehr an sie wenden.

So klar, wie wir uns gegen Krieg und für die Ächtung von Antipersonen-Minen einsetzen, so eindeutig müssen wir uns zukünftig dafür engagieren, dass deutsche Unternehmen unter Billigung und Hilfe der Bundesregierung keine Überwachungs-Software an Diktaturen liefern, die damit allzu oft Gegner, seien es weltliche oder geistliche, in den Folterkellern des jeweiligen Regimes verschwinden lassen.

Und schließlich: Auf jeden Kirchturm gehört im Jahr 2015 ein Freifunk-Router, damit Menschen kostenfreien und niedrigschwelligen Zugang zum Internet haben und zum Beispiel Geflüchtete somit kostenlos und von überall Kontakt zu ihren im Krieg Daheimgebliebenen aufnehmen können.

Es ist Licht am Ende des Tunnels der Digitalen Selbstverteidigung. Möglichkeiten gibt es genug. Verbündete gibt es zumindest schon einige. Lassen Sie uns gemeinsam dafür sorgen, dass es bald noch mehr sind und ihre gemeinsame Stimme auch tatsächlich Gehör findet.

Veränderungen des Menschenbildes durch die Maschinen?

Der neue Umgang mit Informationen und Daten[1]

Konstantin von Notz

Ist der vernetzte Mensch vielleicht nur ein sich gerade realisierender Traum der Ingenieurstechnik? Ist die Digitalisierung nicht einfach eine logische und konsequente Weiterentwicklung der Industrialisierung? Wäre der vernetzte und digitalisierte, mit allem vernetzte Mensch dann nicht gar so etwas wie eine evolutionäre Weiterentwicklung des modernen Menschen?

Fest steht, die Digitalisierung verändert derzeit alles. Die von ihr ausgelösten gesellschaftlichen Umbrüche sind disruptiv. Wie wir kommunizieren und uns informieren, wie wir arbeiten, lernen, leben, lieben, reisen, heilen … alles ändert sich, in immer schnelleren Intervallen! Alle zwei Jahre verdoppeln sich die digitalen Datenmengen, die wir produzieren. Alle zwei Jahre – verdoppeln!

---

[1] Vortrag am 12. Juni 2014 an der Albrecht Ludwigs-Universität Freiburg im Breisgau im Rahmen der Vortragsreihe „Die kleinen Androiden reloaded. Der Maschinenmensch und die elektrische Katze" der Evangelischen Akademie Baden.

Die Digitalisierung verändert unsere Gesellschaft längst grundlegend, und sie verändert tiefgreifend auch unser Verständnis des Menschen.

Verhältnis von Mensch und Technik

Das Verhältnis von Mensch und Technik ist ja seit jeher von großer Ambivalenz geprägt. Wir erlangen eine größere Unabhängigkeit mit Hilfe von Maschinen, man denke nur an die bedeutende Entwicklung der Fliegerei. Einerseits. Anderseits wurde Technik auch zu den furchtbarsten Gräueltaten der Menschheitsgeschichte missbraucht. Was uns dazu bringt, der Technik und Maschinen auch alles erdenklich Böse zuzutrauen, ja das Schlimmste geradezu, zu erwarten.

Aus diesem Spannungsverhältnis heraus kann man in Zeiten der Digitalisierung durchaus zu einer positiven Zukunftsvision kommen: Eine weltweit vernetzte und offene Wissensgesellschaft, die allen Zugang zu Informationen und Austausch und damit Teilhabe an sozialen, politischen und technologischen Entwicklungen erlaubt. Die so erst auch die Bewältigung unserer Probleme in einer globalisierten Welt möglich macht: Klimawandel und Ressourcenknappheit, Ungleichverteilung und Unterdrückung.

Doch ebenso droht in einer Negativsicht eine digitalisierte Dystopie: Einer der Filme meiner Generation war und ist *The Matrix*: Die Maschinen haben die Menschen unterworfen und erzeugen durch Daten und Rechenleistung eine Scheinwelt, die vertuscht, dass der Mensch nicht frei ist, sondern Sklave der Maschinen. Diese modernen Horrorvisionen scheinen heute weitaus weniger absurd und fern als noch vor zehn Jahren.

Angesichts dieser dynamischen und ambivalenten Ausgangslage lautet meine These: Das Ende ist offen, doch die Luft wird mit Blick auf verfestigte Fehlentwicklungen immer dünner, sodass es an uns allen liegt, ob diese katastrophalen Folgen eintreten werden oder nicht. Zugleich liegt es an uns allen, ob und wie wir stattdessen die Digitalisierung in einem globalen Gemeinsinne aktiv gestalten und ihre zweifellos ebenfalls vorhandenen Vorzüge für unsere Gesellschaften nutzbar machen.

Kräfte sind am Werk

In der digitalen Gesellschaft gibt es eine Dopplung des Analogen im Digitalen. Wir können buchstäblich jedes Verhalten an jedem Ort über digitale Sensorik aufzeichnen und in eine globale Analyse des Menschen, seiner Beziehungen, Bewegungen und Vorlieben einfließen lassen. Hier seien nur einige Beispiele genannt:

* Mobiltelefone und damit unsere kompletten Kommunikations- und Bewegungsdaten

- Gesundheitsarmbänder und damit der Zugriff auf unsere Gesundheits- und Verhaltensdaten

- *„Das Internet der Dinge", Smart Grid oder autonomes Verfahren* und damit die Vernetzung und Fernsteuerung unseres unmittelbaren Lebensraums, ganzer Städte und kritischer Infrastrukturen wie der Energieversorgung.

Beispielhaft für diese letzte Entwicklung sind Funketiketten, so genannte RFIDs, die in die unterschiedlichsten Gegenstände eingebracht werden und Zustandsmeldungen zu ihrem Träger aussenden können. Man denke nur an den seit Jahren versprochenen „intelligenten" Kühlschrank.

Über komplexe, bald schon sich selbst optimierende Algorithmen wird dann beispielsweise errechenbar, wie sehr der oder die Einzelne von einem errechneten Mittelwert des statistisch erwartbaren Verhaltens abweicht – und wie er oder sie sich in bestimmten Situationen verhalten wird. Was nach Schwarzmalerei klingt, findet heute längst Anwendung, beispielsweise im Zuge von „Scoring-Verfahren".

Das interaktive Werbeplakat beispielsweise erfasst die Aufmerksamkeit der Vorbeigehenden, um sich selbst zu optimieren. Damit wird zugleich der Mensch, werden wir alle immer berechenbarer. Das beweist nicht zuletzt die viel beschworene „Google Blase", in der aus meinem Such- und Surfverhalten erschreckend treffsicher auf meine Interessen geschlossen wird und entsprechend zugeschnittene Informationsangebote erstellt werden – der Gegensatz zwischen meinen genuin persönlichen Interessen und meinem maschinell ermittelten Persönlichkeitsprofil droht zu zerfließen, sich zu verkehren.

Mit dem Schlagwort *Big Data* verbindet sich das Versprechen auf die Erschließung völlig neuer Wissenshorizonte. Ständig wiederholt wird etwa die Behauptung, dass Google durch Rasterung und Analyse von bestimmten Suchbegriffen früher als andere Institutionen in der Lage sei, den Ausbruch und die Ausbreitung von Erkrankungen festzustellen. Die komplexe Auswertung großer Datenbestände erkennt Zusammenhänge, die sich für den menschlichen Beobachter auf den ersten Blick nicht erschließen lassen.

Dass die Auswertung immer größerer, gigantischer Datenbestände realisierbar wird, wird auch durch den Trend des so genannten *Cloud Computing* befeuert. Im (Alb)Traum einer vollends digitalisierten Gesellschaft wird menschliches Verhalten – z. B. im Bereich der Arbeitswelt und des Konsums – zu annähernd hundert Prozent berechenbar. Somit werden Daten zum vielbeschworenen „Öl des 21. Jahrhunderts", mithin ein immenser Entwicklungsfaktor und Milliardenmarkt, zugleich aber – um im Bilde des fossilen Brennstoffs und dessen Klimafolgen zu bleiben – mit unüberschaubaren Nebenwirkungen für den Menschen und die Welt, wie wir sie kennen. Ein Greenpeace fürs Digitale gibt es noch nicht. Und: Wenn Daten das Rohöl

des 21. Jahrhunderts sind, muss dann nicht der Datenschutz die Rolle einnehmen, die der Umweltschutz hat?
Was ist die magische 2 Grad-Marke auf dieses Beispiel übertragen? Was der *Point of no return*, an dem
wir Rechtsstaatlichkeit endgültig verlieren und unser
Leben, durch und durch, von höchst intransparenten
Algorithmen allmächtig daherkommender Firmen
bestimmt wird, die sich schon heute kaum an nationale
Gesetze gebunden fühlen?

Traum der perfekten Aufklärung

Unternehmerische Ausspähung ist längst nicht die einzige Herausforderung, vor der wir stehen. Auch die
Sicherheitsbehörden wollen bei dieser Entwicklung
nicht zurückstehen. Erst kürzlich hat die Koalition
im Bundestag auf Wunsch der Bundesregierung dem
deutschen Auslandsnachrichtendienst, dem BND, eine
Etataufstockung um 300 Millionen Euro genehmigt,
zur Finanzierung von Projekten, die den BND auf
Augenhöhe mit seinen Partnerdiensten bringen sollen.
Eines der Projekte zielt auf die vollautomatische Big
Data-Auswertung der Aktivitäten in sozialen Netzwerken wie Twitter und Facebook. Auf diese Weise sollen wichtige gesellschaftliche Entwicklungen (Beispiel
„Arabischer Frühling") vorhergesagt und es soll gegebenenfalls auch gegengesteuert werden können.

Und schließlich lehren uns die Enthüllungen von Edward Snowden vor allem eins: Das Internet, zwar zunächst zu militärischen Zwecken errichtet, startete zu Beginn der 1990er Jahre mit dem Nimbus eines Raumes der neuen Freiheit durch weltumspannende Vernetzung aller Menschen, wird heute beinahe totalüberwacht. Jedenfalls die Geheimdienste, allen voran die NSA, aber auch viele Helfershelfer, darunter auch bundesdeutsche Dienste, versuchen, das Netz in ein Instrument möglichst umfassender Kommunikations-, Bewegungs- und Verhaltensüberwachung umzuwidmen. Die Dienste sammeln anlasslos und massenhaft. Das Motto lautet: *We collect it all.*

All dies geschieht natürlich, wie uns immer wieder versichert wird, „nur im Ausland", da den Geheimdiensten im Inland die Hände durch Recht und Gesetz gebunden sind. Aber im Netz gibt es heute kein Ausland mehr. Die Grenzen verschwimmen. In der so genannten paketvermittelten Kommunikation gibt es keine Auslandsstrecken, sodass beim Ausleiten dieser Kommunikation immer auch inländische Kommunikation erfasst wird. Aber Not macht bekanntlich erfinderisch, und so erklärt der BND bei der Ausspähung von Satellitenkommunikation das vermeintlich grundrechtsfreie Weltall zum Ort des Datenabgriffs, obwohl die Daten in Bad Aibling (Bayern) erfasst und in Pullach (Bayern) verarbeitet werden. Wenn all dies noch nicht reicht, bleibt die Möglichkeit des so genannten „Ringtauschs" mit den befreundeten Partnerdiensten anderer Länder. Spätestens so umgeht man die verfassungsrechtlich verbrieften Rechte der Bürgerinnen und Bürger – und die parlamentarische Kontrolle gleich mit.

Diese Entwicklungen im Bereich der Privatwirtschaft und bei den Sicherheitsbehörden dokumentieren eine grundrechtliche Erosion. Doch wie könnten gesellschaftliche Antworten auf diese dramatischen Fehlentwicklungen aussehen?

Gesellschaftliche Antworten auf die Fehlentwicklung

These: „Post Privacy" ist keine Antwort auf die Herausforderungen unserer Zeit

Die hier nur angedeuteten Entwicklungen veranlassen einige Stimmen, allgemein das Ende der Privatheit auszurufen. Interessanterweise hört man von diesen Stimmen seit den Snowden-Veröffentlichungen über das Ausmaß der Geheimdienstüberwachung nicht mehr viel. Ihre Antwort auf die umfänglichen Möglichkeiten der Transparentmachung und Totalkontrolle des menschlichen Verhaltens ist eine Art postmoderner Bejahungsstrategie: Sage einfach ja zu dem, was Du (vermeintlich willentlich) ohnehin nicht mehr zu ändern vermagst. Diese Stimmen gibt es, und sie kommen nicht zuletzt aus der Lobbyecke der datenverarbeitenden Industrie.

Doch weder sind die Möglichkeiten faktisch so weit gediehen, dass wir politisch die Flinte ins Korn werfen müssten, noch überzeugt die inhaltliche Argumentation. Denn da wird viel zu leichtfertig mit vage bleibenden Vorteilen für die Gemeinschaft argumentiert, die die Hinnahme der Eingriffe rechtfertigen sollen – unter Ausblendung des Menschen und seiner Würde, und der – schon grundrechtlich gebotenen – Notwendigkeit des effektiven Schutzes seiner Intim- und Privatsphäre und seiner persönlichen Interessen.

These: „Niemand interessiert sich für mich!" /
„Ich habe nichts zu verbergen"

Eine erhebliche Anzahl von Menschen in den Demokratien westlichen Typs hält bis heute die Aufweichung zentraler Freiheitsrechte durch Massenüberwachung deshalb für nicht relevant bzw. hinnehmbar, weil sie davon ausgeht, für sie interessiere sich ohnehin niemand und im Übrigen tue man ja nichts Verbotenes. Ich glaube, auch diese Haltung kann keine Antwort auf die Umwälzungen der Digitalisierung und die mit ihr einhergehenden Herausforderungen für einen effektiven Grundrechtsschutz sein. Sie ist vielmehr eine gefährliche Relativierung von über Jahrhunderte mühsam erkämpften Freiheiten und Rechten.

Zum einen ist der Widerspruch offenkundig: Wenn sich niemand für die Massen interessieren würde, müsste man sie auch nicht überwachen. Wenn man mit den Daten nichts anfangen könnte, würde sie niemand

sammeln. Wenn die digitale Dienstleistung bei Facebook oder Google kostenlos ist, spricht vieles dafür,
dass der Nutzer das Produkt ist. Zum anderen kann in
einem automatisierten Überwachungssystem, in dem
Algorithmen Abweichungen von der Norm feststellen,
um präventiv Gefährder und Gefahren aufzuspüren,
grundsätzlich jeder Mensch ins Fadenkreuz geraten.

These: „Die Menschen sind selbst schuld,
wenn sie bei Facebook sind"

Viele argumentieren auch: Wer nicht überwacht und
gerastert werden will, der müsse eben nicht im Internet, bei Facebook, LinkedIn usw. sein. Getreu dem
Motto: „Wer sich in Gefahr begibt, wird eben darin
umkommen". Diese These ist aber aus vielerlei Grün-
den abwegig. Folgt man ihr, bräuchten wir auch keine
Sicherheitsgurte in Autos vorschreiben, denn schließlich ist selbst schuld, wer sich in ein derart schnelles
Gefährt wie ein Auto setzt. Sicherlich stimmt: Man hat
durchaus auch eine eigene Verantwortung, wie man mit
den eigenen Daten und Informationen im Netz umgeht.
Gleichzeitig, darauf haben am Anfang der Aufklä-
rungsarbeit im Parlament einige der renommiertes-
ten Verfassungsrechtler Deutschlands hingewiesen,
kommt dem Staat, dem Gesetzgeber, die Pflicht zu, den
Menschen und digitale Infrastrukturen, über die Kommunikation heute läuft, vor Überwachung und Ausspähung zu schützen.

Verzicht kann letztlich keine Antwort sein. Denn wer heute nicht „im Netz" ist, der ist von relevanten Informations- und Diskussionsflüssen und öffentlichen Diskussionen schlicht abgeschnitten. Zudem erwarten zahlreiche Arbeitgeber heutzutage ein interessantes „Online-Profil" von Menschen, die für ihr Unternehmen arbeiten wollen. Auch so mancher Behördengang ist ohne Zugang zum Internet heute schon gar nicht mehr möglich.

These: „Kontrollverluste werden durch die Digitalisierung befeuert, sind aber letztlich menschengemacht"

Aber was bleibt tatsächlich zu tun – für das Individuum und den Gesetzgeber?

Nun kommen Entwicklungen wie die zunehmende Überwachung der Menschen oder die immer weiter fortschreitende Durchleuchtung der Verbraucherinnen und Verbraucher in der Digitalökonomie nicht von selbst, praktisch von maschineller Geisterhand, auch wenn dies gelegentlich gern so dargestellt wird. Die Entwicklungen sind menschengemacht.

Es sind immer noch wir Menschen, die die Maschinen erschaffen und diese programmieren. Und wir sind es, die für die Fortentwicklung des Rechts in diesem Bereich verantwortlich sind. Und hier wird eben über bald zwei Jahrzehnte die rechtliche Ausgestaltung und Regulierung dieser Entwicklung weitestgehend verwei-

gert. Wenn es heute an einer verfassungsrechtlichen
Ausgestaltung dieser umbruchartigen Entwicklung
zum Beispiel im Bereich des Datenschutzrechts fehlt,
hat der Gesetzgeber schlicht versagt. Und das sehenden
Auges: Denn der Handlungsdruck ist lange bekannt
und gut dokumentiert. Beispielsweise hat die Enquete-
Kommission „Internet und digitale Gesellschaft" des
Deutschen Bundestages in der 17. Wahlperiode nicht
nur eine mehrere tausend Seiten starke Bestandsauf-
nahme vorgelegt und Herausforderungen skizziert, sie
hat zudem hunderte Handlungsempfehlungen verabschiedet, getragen von allen Bundestagsfraktionen und
einem breiten Sachverständigenkreis, aber bis heute
praktisch ohne jede gesetzgeberische Konsequenz.

Dieses Verweigern legislativer Verantwortung ist
zweifelsohne ein politisches Armutszeugnis. Aber der
Gesetzgeber reagiert eben oft auch erst auf Druck und
Interesse der Bürgerinnen und Bürger. Und in diesem Bereich der gesellschaftspolitischen Priorisierung
dieses Themenbereiches liegt noch immer Vieles im
Argen. Wenn zu einer Demonstration „Freiheit statt
Angst" gegen die ausufernde Überwachung im Digitalen 15.000 Menschen kommen, wenn zum einjährigen
Jahrestag der Snowden-Veröffentlichungen lediglich 60
(bewundernswert engagierte) Menschen vor dem Bundestag stehen, dann sind das schlicht zu wenig um den
notwendigen gesellschaftlichen Druck aufzubauen, um
unsere Freiheitsrechte und Privatsphäre gegen die Interessen von Wirtschaft und Sicherheitsbehörden durchzusetzen.

Wir haben weiterhin alle Möglichkeiten, unsere Standards in Sachen Datenschutz, Demokratie und Rechtstaatlichkeit in der digitalisierten Welt festzulegen und durchzusetzen. Aber täglich werden weiter Tatsachen geschaffen. Die Zeit drängt also sehr.

Grenzen des Einwilligungsparadigmas

Und die nötigen Regulierungen sind alles andere als trivial. Standards wie die Notwendigkeit einer Einwilligung des von Datenverarbeitung Betroffenen, wie gerade hart im Europäischen Parlament bei der Datenschutzverordnung verhandelt, sind unverzichtbar. Wir können nicht mehr ausblenden, dass und in welchem Umfang gerade im digitalen Kontext heute Einwilligungen oftmals faktisch erzwungen werden: Durch unleserliche, unendlich lange und meist gänzlich unverständliche Allgemeine Geschäftsbedingungen (AGB); oft sind 150 Seiten zu lesen bzw. durchzuscrollen und wer nicht zustimmt, kann sein Handy in den Mülleimer schmeißen. Und dort, wo keine wirksamen Kopplungsverbote ausschließen, dass von der Einwilligung weitere Leistungen abhängig gemacht werden, bleibt Autonomie ohnehin nur ein schönes Wort.

Obgleich ich persönlich – auch im Kontext der gegenwärtig laufenden Reformdebatte – auf der Bedeutung der individuellen Einwilligung beharre, müssen wir

auch über die zunehmende Überforderung dieses
Instruments sprechen. Wenn die Schutzfunktion der
Einwilligung leerzulaufen droht, brauchen wir gesetzgeberische Lösungen, die den Verantwortlichen unmit-
telbar Handlungspflichten im Umgang mit den ihnen
anvertrauten Daten auferlegen oder etwa über Haf-
tungsregeln entsprechende Anreize schaffen.

Das alles schließt natürlich nicht aus, auch den einzelnen Nutzer und die einzelne Nutzerin in die Pflicht zu
nehmen. Ihre Medien- und Netzkompetenz sowie ihre
Eigenverantwortung müssen gestärkt werden, indem
ihnen wirkungsvolle Selbstschutz-Tools an die Hand
gegeben werden – starke Ende-zu-Ende-Verschlüsse-
lungen und technisch simple Instrumente gegen
die Erfassung von Bewegungs- und Nutzerprofilen
(Tracking) sind ein Mittel der Wahl hierfür. Für den
Gesetzgeber wäre es ein Leichtes, hier Anreize zu
schaffen. Doch auch diese Chance lässt man sehenden
Auges, zuletzt im Zuge der Vorlage des so genannten
„IT-Sicherheitsgesetzes", das seinen Namen kaum ver-
dient, liegen.

Staat als Gewährleistungsgarant
der Grundrechte

Vor einigen Monaten hatte der Parlamentarische Untersuchungsausschuss des Deutschen Bundestages zur

weltweiten Spionage- und Überwachungsaffäre drei sachverständige Rechtswissenschaftler zu Gast. Sie alle, darunter der ehemalige Präsident des Bundesverfassungsgerichts Hans-Jürgen Papier, waren sich einig, dass der Bundesnachrichtendienst seit Jahren offen rechtswidrig agiert und die verfassungsrechtliche Eindämmung der in Rede stehenden Ausspähungen außerordentliche Anstrengungen vom Gesetzgeber verlangt.

Notwendig seien nicht nur vermehrte Anstrengungen zur Aufklärung über das Ausmaß der Angriffe, sondern auch Veränderungen im Grundgesetz zur Stärkung der Privatsphäre sowie eine staatliche Gewährleistung für die Sicherheit der technischen Infrastruktur. Ziel, so die drei Granden des Verfassungsrechts, müsse es sein, einen effektiven Kommunikationsschutz der Bürgerinnen und Bürger wieder herzustellen, also u. a. das Telekommunikationsgeheimnis zurückzuerobern als einen wesentlichen Baustein unseres Grundgesetzes und unseres rechtsstaatlich-demokratischen Selbstverständnisses insgesamt.

Dass der Gesetzgeber dieser Schutzpflicht endlich nachkommt, ist aus meiner Sicht für die Zukunft unserer Rechtsstaatlichkeit in der digitalen Welt unerlässlich. Denn wer beobachtet wird, der ist nicht frei. Und in einer Gesellschaft unter ständiger Beobachtung kann von Freiheit oder Demokratie nicht mehr wirklich die Rede sein.

Konsequenzen für das Menschenbild

Kollektive Vorstellungen davon, was der Mensch
„eigentlich" sei, sind sicherlich nicht ein für allemal fest-
gelegt und unterliegen global und gesamtgesellschaft-
lich zu weiten Teilen auch den Verhältnissen und
Bedingungen ihrer Zeit. Im christlichen Glauben ist es
Christus, der dem Individuum die Freiheit schenkt. Der
Mensch – mit seinem freien Willen – hat sich umfas-
send mit dem, was er tut – selbst mit dem, was er denkt
– Gott gegenüber zu verantworten. Der allwissende,
alles kontrollierende Staat und Unternehmen, die den
Menschen bis ins Detail kommerziell vermessen, stehen dieser einzigartigen Beziehung – und damit dem
christlichen Menschen- und Freiheitsbild – offensicht-
lich entgegen. Nach dem Menschenbild unserer Verfassung gelten die Freiheit und auch die Würde des Einzelnen als gesetzt. Sie zu achten und zu erhalten ist der
tiefere Grund unserer Ordnung des Gemeinwesens.
Wir haben diese großartige Rezeption des idealistisch-
aufklärerischen Selbstverständnisses unserer Spezies
in der Verfassung aufgehoben.

Auch dieser Tatsache widerstrebt die heute oft fast ideo-
logisch vertretene Vision von der ständigen Beobacht-
barkeit und Berechenbarkeit des Menschen. Hier darf
es keine Überraschungen und Abweichungen von der
Norm geben. Nicht beim Konsum, nicht bei der Kredit-
vergabe, nicht beim Abschluss einer Versicherung und
selbstredend schon gar nicht bei Fragen der Sicherheit.
Es gilt, möglichst alle menschlichen Unwägbarkeiten

und Geheimnisse auszuleuchten und letztlich auszulöschen.

Man kann heute oft einen obszönen, quasireligiösen Allmachtsanspruch von Staaten und Unternehmen erkennen. Der Staat sucht die totale Kontrolle mittels persönlicher Daten und Informationen über Menschen, während Unternehmen schlicht Geld verdienen wollen. War dieser quasireligiöse Anspruch bisher autoritären und totalitären Regimen vorenthalten, verschwimmen im Zeitalter der Digitalisierung auch hier die Grenzen. Ein Staat und sein Geheimdienst, der den Anspruch formuliert, alles zu sammeln, kennt keine Unschuldsvermutung. Bürgerinnen und Bürger sind grundsätzlich verdächtig.

Artikel 1 unseres Grundgesetzes aber gibt das Leitmotiv unseres Anspruches an Staat und Gesellschaft und im Kern auch eine tragende Säule unseres Menschenbildes wieder: „Die Würde des Menschen ist unantastbar." Auslegung und Rechtsprechung geben es vor: Es ist genau diese Würde des Menschen, die durch ausufernde staatliche Überwachung und Ausbeutung der Daten der Bürgerinnen und Bürger bedroht wird und daher zwingend – auch gesetzgeberisch – geschützt werden muss.

Ich meine, es ist allerhöchste Zeit zum Handeln, um den negativen Fallout der Umbrüche durch Digitalisierung und Internet für unsere Demokratie zu vermeiden und das Vertrauen in die Funktionsfähigkeit unserer

Freiheitsverbürgungen zu erhalten. Das demokratisch-rechtsstaatliche Gemeinwesen steht hier zweifellos derzeit vor einer der größten Herausforderungen unserer Zeit.

Die Zeit rennt uns davon, wenn wir nicht Sklaven werden wollen. Sklaven der Maschinen und Algorithmen oder derjenigen wenigen, die sie beherrschen. Wir dürfen nicht zulassen, dass zukünftig Code = Law ist, sondern müssen bezüglich der Algorithmen und Verwertung persönlicher Daten klare rechtliche Vorgaben machen und deren Einhaltung effektiv kontrollieren. Nur so werden wir als Demokratien westlichen Typs langfristig Rechtsstaatlichkeit und Freiheit bewahren und uns von all denjenigen Staaten unterscheiden, die tatsächlich einen Allmachtsanspruch haben.

„Die Digitalisierung ist ein reformatorisches Ereignis"

Ein Gespräch über Geheimdienste, Digitalisierung, Reformation und den gnädigen Gott[1]

Konstantin von Notz hat bisher selten über seinen Glauben an Gott geredet. Doch er findet das Gespräch darüber interessant und sagt das Interview spontan zu. Dann ruft er noch einmal an: Ob wir auch sofort könnten? Die ursprünglich verabredete Zeit möchte er mit der Familie verbringen. Wir können.

Christ&Welt: Herr von Notz, Sie sind das Gesicht der Grünen im NSA-Ausschuss des Bundestages. Und Sie sind evangelischer Christ. Haben Sie sich mit dem Theologen Karl Barth auf Ihre Arbeit im Ausschuss vorbereitet?

Konstantin von Notz: Karl Barth ist immer interessant, aber warum hier?

C&W: Weil Karl Barth gesagt hat: „Die Christengemeinde, die den wahren Gott enthüllt, ist die ausgemachte Gegnerin jeder Geheimpolitik und Geheim-

[1] Erschienen in: Christ & Welt (45/2015). Interview mit den Redakteuren Hannes Leitlein und Wolfgang Thielmann. Wiederabdruck mit freundlicher Genehmigung des ZEIT-Verlags.

diplomatie." Was im Staat geheim bleibe, könne nur Unrecht sein. Finden Sie das richtig? Darf es eigentlich gar keine Geheimdienste geben?

Von Notz: Doch, Geheimdienste darf es geben, auch in einer Demokratie. Sie müssen sich aber einer parlamentarischen Kontrolle stellen. Und die Geheimnisse der Dienste brauchen ein Verfallsdatum, wenn Sie mich fragen, nach spätestens 20 Jahren. Die Kontrolle der Dienste hat aber in der Vergangenheit zu wenig und zu oberflächlich stattgefunden, wie der NSA-Ausschuss zeigt.

C&W: Dort haben wir erfahren, dass der BND auch westliche Staatsführungen wie in Frankreich überwacht haben soll. Sie sagten, wenn sich das bestätige, sei der Stuhl des BND-Präsidenten unsicher.

Von Notz: Wenn der BND auch befreundete Staaten in Europa und die USA ausspioniert hat, wird die Verteidigungslinie der Bundesregierung nach den Enthüllungen von Edward Snowden zur Farce. Denn dann hat sich die Bundesregierung über Dinge aufgeregt, die sie selber praktizierte. Es ist schon widerlegt, dass die Bundesregierung nichts von der NSA-Überwachung wusste. Da muss man wohl von einer Wahlkampflüge sprechen. Wenn nun auch der Bundesnachrichtendienst unter Freunden spioniert hat und wenn es erst jetzt, zweieinhalb Jahre später, ans Licht kommt, haben der Bundesnachrichtendienst und auch das Kanzleramt ein erhebliches Glaubwürdigkeitsproblem.

C&W: Muss es auch im Kanzleramt personelle Konsequenzen geben?

Von Notz: Wir Ausschussmitglieder haben uns bisher
zurückgehalten mit schnellen Rücktrittsforderungen.
Der Ausschuss möchte erst genau herausarbeiten, wer
was zu verantworten hat. Im Blick auf die Selektoren,
also die Suchkriterien, die die NSA dem BND über-
mittelt hat, ist bis heute nicht ganz klar, ob der BND
allein oder auch das Kanzleramt Verantwortung trägt
oder ob es wechselseitige Abhängigkeiten oder andere Zusammenhänge gibt. Deshalb möchte ich mich da
heute nicht festlegen. Doch sollte jemand die Öffent-
lichkeit über zwei Jahre belogen haben, müssen personelle Konsequenzen folgen und nicht nur strukturelle.

C&W: Was darf ein Geheimdienst?

Von Notz: Befreundete europäische Staaten darf er
nicht abhören. Das dürfte mit EU-Recht kollidieren.
Und insgesamt hat sich der BND für seine Abhöraktio-
nen abwegige Rechtsgrundlagen aufgebaut, wenn er
für Nichtdeutsche das Post- und Fernmeldegeheimnis,
also Artikel 10 des Grundgesetzes, außer Kraft setzen
will. Dem haben drei führende Rechtswissenschaftler
im Ausschuss widersprochen. Und die Bundesregierung verweigert die Auskunft darüber, wer überwacht
wurde und unter welchen Gesichtspunkten.

C&W: Sie haben auch gegen das kürzlich verabschie-
dete Gesetz zur Vorratsdatenspeicherung protestiert.
Jetzt dürfen unsere Telefondaten zehn Wochen lang

aufbewahrt werden. Sie hielten das für einen rechts-
dogmatischen Dammbruch und eine Gefahr für die
Demokratie. Warum?

Von Notz: Die Vorratsdatenspeicherung öffnet einen
Türspalt auf einen Weg, der in totalitären Strukturen
enden kann. Ich sage voraus, dass es je nach gefühlter
Sicherheitslage eine Debatte über mehr Datenspeicherung geben wird. Erst sammelt der Staat Daten, dann
prüft er, ob sie sich zur Strafverfolgung eignen. Das ist
eine problematische Entwicklung.

C&W: Aber das Land wird sicherer, argumentieren die
Befürworter.

Von Notz: Zu Unrecht: Die bisherige Datenspeicherung
hat im Ganzen keine messbare Verbesserung bei der
Verbrechensaufklärung erbracht.

C&W: Die Menschen geben ihre Daten zudem freiwillig preis. Auf Facebook veröffentlichen sie ihre Krank-
heiten und zeigen Ultraschallfotos ihrer Kinder. Was
will ein Politiker dagegen ausrichten?

Von Notz: Es ist ein Unterschied, ob ich im Netz Informationen selbst preisgebe oder ob ein Staat ihre Speicherung gesetzlich anordnet, um sie im Zweifel gegen
die Bürger verwenden zu können. Aber auch im Bereich
privater Daten hat der Staat die Bürger an große Inter-
netfirmen ausgeliefert. Sie müssen sich von Facebook
ungeheuerliche Geschäftsbedingungen gefallen lassen,
die gegen deutsches Recht verstoßen. Eine konsequente

Politik würde bedeuten: Der Staat darf keine Daten auf Vorrat speichern, und Facebook und Co. müssen scharf reguliert werden.

C&W: Muss man die Menschen vor sich selbst oder vor Facebook schützen?

Von Notz: Verzicht und Verbot sind keine guten Argumente. Das Problembewusstsein der Menschen ist gestiegen. Der Staat darf die 27 Millionen Facebook-Nutzer gesetzgeberisch jetzt nicht allein lassen. Er muss Grundregeln aufstellen. Das ist in den letzten Jahren unterblieben.

C&W: Haben die Kirchen die Netzpolitik schon entdeckt?

Von Notz: Die Kirchen müssen sich, ähnlich wie die Gewerkschaften, stärker mit der Frage der Digitalisierung und ihrer Wirkung auf Freiheits- und Bürgerrechte beschäftigen. Es gibt aber Ansätze. Vor kurzem habe ich einen netzpolitischen Kongress der evangelischen Jugend besucht. Auch auf Kirchentagen spielt das Thema eine wachsende Rolle.

C&W: Wie sind Sie zur Politik gekommen? Hat Ihr Glaube dabei eine Rolle gespielt?

Von Notz: Ich komme aus einer nicht sehr kirchlich orientierten Familie. Meine Eltern haben uns Kindern den Konfirmandenunterricht freigestellt. Ich war nicht getauft und habe mich mit 13 Jahren freiwillig für den

Unterricht entschieden. Die evangelische Lukasgemeinde in Frankfurt, zu der wir gehörten, hatte damals
eine gute Jugendarbeit. Dort habe ich mich auch später
noch engagiert. Die Diskussionen, die wir führten, hatten auch ein politisches Moment. Dann habe ich meinen Zivildienst in der Frankfurter Bahnhofsmission
abgeleistet. Das war mit Sicherheit auch eine politische
Erfahrung. Später, im Studium in Heidelberg, wuchs
mein Interesse für Politik, und ich habe mein Engagement dahin verlagert.

C&W: Fehlt den Protestanten ein Papst? Vermissen Sie
jemanden, der sagt, was evangelisch ist?

Von Notz: Nein. Die evangelische Kirche ist heterogen
und kommt ein bisschen graswurzelig daher. Ich mag
die Vielfalt im Protestantismus. Und auch in der katho-
lischen Kirche gibt es Diskussionen und den Wunsch
nach Reformen. Der jetzige Papst wird geschätzt, weil
er Veränderung verspricht und die Lehre anders auslegt
als seine Vorgänger.

C&W: Wie finden Sie die öffentlichen Auftritte der
evangelischen Kirche?

Von Notz: Die Vielstimmigkeit der evangelischen Kirche gibt einem ja immer die Möglichkeit, sich selbst
einzusortieren. Insofern habe ich den Eindruck, dass
die evangelische Kirche der Versuchung widersteht,
sich selbstgerecht und mit der einen Wahrheit in Diskussionen einzuklinken. Mir geht aber jeder erhobe-
ne Zeigefinger auf die Nerven, ob aus der Politik oder

aus der Kirche. Ich lese ungern Zeitungskolumnen, in denen Kirchenleute erklären, wie das Leben geht. Doch mit den allermeisten Dingen kann ich gut leben.

C&W: 2017 begehen die Protestanten das 500. Jubiläum der Reformation. Das ist ein welthistorisches Ereignis, haben Sie im Bundestag mitbeschlossen ...

Von Notz: ... ich habe gerade einen Playmobil-Luther geschenkt bekommen.

C&W: Noch wird in der Kirche debattiert, was es 2017 eigentlich zu feiern gibt. Hätten Sie einen Vorschlag?

Von Notz: Das Jahr ist ein schöner Anlass, um zurückzuschauen und Bilanz zu ziehen: Was war gut? War Luther der heldenhafte Reformer oder hatte er auch schwierige und schlechte Seiten? Man muss ja keine endgültige Antwort finden. Das Jubiläum gibt Gelegenheit, die verschiedensten Themen zur Sprache zu bringen.

C&W: Wenn Sie einen Wunsch frei hätten: Was muss 2017 zur Sprache kommen?

Von Notz: Ich halte es für spannend, danach zu fragen, was die Digitalisierung für die Gesellschaft, die Kirche und den Glauben bedeutet. Wenn es stimmt, dass die Digitalisierung nach Sprache, Schrift und Buchdruck die vierte kulturhistorische Entwicklungsstufe der Menschheit ist, dann sollten die Kirchen nach ihrer Wirkung fragen. Die Reformation verdankt dem Buchdruck ihre Ausbreitung und ihre Entwicklung. Deshalb lohnt es sich zu fragen, wie die Digitalisierung die Weiterentwicklung der Religion beeinflusst.

C&W: Haben Sie eine Idee, was die Digitalisierung für die Religion bedeutet?

Von Notz: Die Digitalisierung stellt die Frage neu, wer ich bin. Heute verdoppeln sich unsere digitalen Spuren alle zwei Jahre. Sie sind messbar, auswertbar und rekonstruierbar. Bestimmt also der Algorithmus, wer ich bin? Bestimmen die Datenauswertungen, was ich im Leben erreichen soll oder darf oder kann? Oder mit welchem Tarif ich versichert werde? Das stößt viele ethische und damit auch christliche Diskussionen an.

C&W: Ist die Digitalisierung ein Ereignis reformatorischer Größe?

Von Notz: Wenn der Buchdruck ein Ereignis reformatorischer Größe war, ist es die Digitalisierung auch. Die Gesellschaft muss daher die Frage diskutieren, wie weit die Digitalisierung am Menschenbild rüttelt, das uns seit zwei Generationen prägt. Heute kann ich in Sekunden und weltweit Texte, Fotos und Filme verbreiten und empfangen. Wir müssen wahrscheinlich keine Schulbücher mehr für Afrika finanzieren, sondern eher Tablets und Bildungsprogramme, mit denen wir gemeinsam lernen können. Die Digitalisierung bringt unglaubliche Chancen, sie hat eine rebellische Veränderungsdynamik, und sie birgt Gefahren. Wir müssen sie gestalten.

C&W: Brauchen wir dafür nicht einen neuen Luther, der das alles auf Begriffe bringt, die wir verstehen können?

Von Notz: Es braucht jedenfalls Menschen, die diesen Umbruch übersetzen und diskutieren, sodass man ihn in unserer Gesellschaft versteht. Noch hat zum Beispiel kaum jemand begriffen, wie wichtig Netzneutralität ist. Das Netz darf keinem Unternehmen und keinem einzelnen Staat und seinen Interessen ausgeliefert sein. Das Europäische Parlament hat aber am 27. Oktober eine Verordnung verabschiedet, die die Definition von Netzneutralität offenlässt. Viele Leute wissen nicht, was sie mit dieser Entscheidung verlieren: Ein freies Netz sowie freie Daten und freie Informationsflüsse sind gefährdet. Die USA sind da weiter. Dort hat sich der Begriff in den letzten Jahren politisch aufgeladen, und man hat sich politisch entschieden, die Netzneutralität zu wahren.

C&W: Luther hat sich gefragt: „Wie bekomme ich einen gnädigen Gott?" Haben Sie sich diese Frage auch schon gestellt?

Von Notz: Klar! Und ich bin noch zu keiner zufriedenstellenden Antwort für mich persönlich gekommen. Ich denke, dass ein gläubiger Mensch immer damit ringt. Nach vielen Diskussionen mit jungen Menschen tendiere ich dazu, dass am Ende alle Menschen mit Gott versöhnt werden. Aber das pauschal zu sagen hat auch etwas Relativistisches: Als käme es nicht mehr so sehr auf mein Handeln und meine Verantwortung an. Für das eigene Leben ist das komplizierter.

C&W: Wie soll eine Kirche mit dieser Frage umgehen?

Von Notz: Die Frage nach dem gnädigen Gott ist sehr wichtig und sehr persönlich. Jeder muss sie mit Gott ausmachen. Die Kirche muss die Menschen mit dieser Frage begleiten. Ich glaube nicht, dass es hilft, wenn sie pauschale Antworten von institutioneller Seite gibt.

C&W: Die katholische Kirche sagt, dass sie diese Versöhnung vermittelt.

Von Notz: Für mich ist diese Frage ein Teil eines individuellen und menschlichen Lebensprozesses, durch den man sich durchentwickelt. Mein Verständnis des Glaubens sagt: Das Prozesshafte des Glaubens lässt sich nicht an irgendeiner Stelle als erledigt abhaken.

C&W: Luther hat auf diese Frage eine Antwort gefunden.

Von Notz: Darin sehe ich keinen Widerspruch. Denn das eine ist, dass ich die protestantische Überzeugung teile, dass Gott mich durch den Glauben und seine Gnade rechtfertigt. Aber die Gewissheit der Liebe Gottes lässt mich trotzdem jeden Tag ringen: Was sie für das eigene Handeln und Leben jeden Tag bedeutet, das ist individuell, und es entwickelt und verändert sich. Es funktioniert. Und nicht so, dass man es wie eine App in sein Leben installiert und sagt: Mit gelegentlichen Updates läuft das jetzt.

Demut und eine gute Portion Gottvertrauen

Was Prominente glauben – Konstantin von Notz[1]

Sie zweifeln. Sie hoffen. Sie beten. Sie fluchen. Sie bangen. Sie treten aus und sie treten wieder ein. Und das alles tun sie, obwohl oder weil sie glauben. So jedenfalls schildern es prominente Protestanten, als Andrea Seeger sie nach ihrem Glauben gefragt hat. Heute erzählt Konstantin von Notz, wie er es mit Gott hält.

Befragt nach dem Glauben in meinem Leben, sollte ich wohl zunächst auf meine Konfirmationszeit zu sprechen kommen. Was in anderen Biografien oft ein selbstverständlicher, ja eher automatischer Schritt, manchmal auch eine belächelte und geschenkreiche Pflichtübung sein mag, war für mich eine besonders prägende Phase meiner Jugend. Aus einer nicht allzu religiös orientierten Familie stammend und bis dahin ungetauft, stand für mich eine echte Entscheidung an, die mein Interesse für die Frage nach der Existenz Gottes weckte, und die ich nach vielen Gesprächen, Gebeten und – durchaus sehr strittigen – Diskussionen positiv beantwortete.

---

[1] Erschienen in: Evangelische Sonntags-Zeitung für Hessen und Nassau, 18.10.2015 (42/2015). Wiederabdruck mit freundlicher Genehmigung der Gemeinnützige Medienhaus GmbH – Zentrum für Evangelische Publizistik und Medienarbeit in Hessen und Nassau.

In einem Alter, in dem sich viele Fragen dringlich stellen, wie zum Beispiel die, was mich und mein Leben ausmacht, entdeckte ich in der Lukasgemeinde in Frankfurt am Main, in der Zeit von Madonna, E. T., Breakdance und den letzten Zuckungen des Kalten Krieges, einen anderen Weltzugang: geistig, sozial und auch politisch. Zugleich fand ich in der damaligen Konfirmandengruppe und auch darüber hinaus in der Gemeinde und später im Kirchenvorstand eine kritisch-lebendige Glaubensgemeinschaft mit neuen Freundschaften, von denen viele bis heute in außergewöhnlicher Verbundenheit tragen.

Geprägt von der kirchlichen Jugendarbeit

Nach meiner Konfirmation engagierte ich mich selbst in der Konfirmanden- und Konfirmiertenarbeit. Die folgenden 15 Jahre evangelische Jugendarbeit haben mich stark geprägt. Alle, die selbst in der Jugendarbeit aktiv sind und waren, wissen um die vielgestaltigen Herausforderungen. Es gilt, Interesse zu wecken, Kritik anzuhören und erst recht herauszufordern, Glaubensfragen und -wege zu eröffnen, die den jungen Menschen und ihren individuellen Bezügen gerecht werden – in gemeinsamen Gesprächen, beim Singen und Beten und – immer am besten – im konkreten Tun.

Während einer Nachtwanderung alle Konfirmanden ein Stück des Weges allein und nur für sich durch den dunklen Wald gehen zu lassen – das erfordert von den Jugendlichen Vertrauen in sich und andere. Das galt freilich auch für uns nur wenig ältere Gruppenleiter am Anfang und Ende der Strecke – zumal wenn die Routenabstimmung einmal schief lief und auf einmal zwölf Konfirmanden allein immer weiter in den stockdunklen Taunus liefen. Eine Glaubensprobe der eigenen Art, die – nachdem alle Schäfchen wohlbehalten wieder eingesammelt waren – mir Demut, aber auch eine gute Portion Gottvertrauen mit auf den Weg gab, von der ich bis heute zehre.

Nach dem Abitur, zu einer Zeit, in der man noch recht aufwendig begründen musste, warum man den Kriegsdienst verweigern wollte, bevor man 18 Monate seinen Zivildienst ableisten durfte, stand für mich genau diese Entscheidung an. Ich erinnere mich noch an das Heft *2000 Zivildienststellen in Hessen*, das mir damals half, etwas Passendes zu finden. So begann ich meinen Zivildienst zu Beginn der 1990er Jahre in der Bahnhofsmission des Frankfurter Hauptbahnhofes.

Obdachlose, Touristen, Flüchtlinge und verwirrte Menschen, Drogenabhängige, Banker und Rechtsanwälte, Polizei und Prostituierte – die Widersprüche unserer Gesellschaft waren und sind dort sehr konkret – und manchmal nur schwer zu ertragen. In dieser Zeit habe ich erlebt, wie viel wertungsfreie Tatkraft und unvoreingenommene Zuwendung ausrichten können, aber auch, wie Hilfe und man selbst immer wieder an seine Grenzen stößt. Diese Erfahrungen prägen meinen Blick auf unsere Gesellschaft und unser Zusammenleben bis heute.

Konflikte zwischen Glaube und Recht

Sehr viel abstrakter, an einem denkbar anderen Ort, aber doch verwandt, begegnete mir das Spannungsverhältnis von Kirche und Gesellschaft, von Glauben und Recht in meinem Heidelberger Jurastudium und insbesondere während meiner Promotion über „Lebensführungspflichten im evangelischen Kirchenrecht". Schon vor dem Ersten Staatsexamen interessierten mich das Ineinandergreifen und die Konflikte zwischen Glauben und Recht, zwischen kirchlichen und weltlichen Ansprüchen an den Menschen.

Diese Konflikte – so hatte ich es auch in der Frankfurter Bahnhofsmission erlebt – treten unter anderem im Bereich des kirchlichen Arbeitsrechts besonders zutage. Und so setzte ich mich mit den Fragen der rechtlichen Auswirkungen privater Lebensführung auf das Arbeitsverhältnis zur Kirche auseinander und zwar für Beamte, kirchliche Bedienstete, aber auch Ehrenamtliche.

Nach Jurastudium und Promotion kehrte ich in meine Geburtsstadt Mölln zurück, um dort fünf Jahre als

Anwalt, insbesondere als Strafverteidiger, zu arbeiten. Auch das war eine spannende und prägende Zeit. Denn die Arbeit als Rechtsanwalt gebietet es nach meinem Verständnis, den Menschen vorurteilsfrei zu begegnen und ihnen immer eine ordnungsgemäße Verteidigung zukommen zu lassen, auch und gerade dann, wenn sie vom Weg abgekommen sind.

Seit 2009 nun bin ich Mitglied des Bundestages für die Fraktion Bündnis 90/Die Grünen, netzpolitischer Sprecher und in dieser Legislaturperiode Obmann meiner Fraktion im so genannten „NSA-Untersuchungsausschuss". Das Internet, Facebook, Google und die NSA verbinden wohl wenige Menschen mit christlichem Glauben, Denken und Handeln. Und doch wirft gerade die Digitalisierung unserer Gesellschaft sehr existenzielle Fragen für das Individuum auf, die eine umfassende, sehr grundsätzliche gesellschaftliche Diskussion erforderlich machen. Eine Diskussion darüber, wie wir zukünftig leben wollen – und wie nicht.

Als Abgeordneter, Netzpolitiker und Jurist, der täglich mit IT-Unternehmen, rechtsstaatlich entfesselten Geheimdiensten, Datenschutzskandalen und Überwachungsaffären befasst ist, sehe ich die Chancen der Digitalisierung, aber ich sehe durchaus auch die Probleme und Risiken dieser Entwicklung. Besorgte Eltern, Lehrer, kritische Bürger- und Verfassungsrechtler, engagierte Hacker, kleine und mittelständische Unternehmen, die deutsche Industrie – sie alle sind von der Digitalisierung massiv betroffen. Die Herausforderungen an unsere Gesellschaft in dieser technikgetriebenen Zeit sind enorm.

Viele sagen zu Recht, die digitale Revolution wird die Welt und unser Leben wohl stärker verändern als die industrielle Revolution. War die einschneidende Dynamik in der Industrialisierung noch halbwegs sichtbar, greifen heute Algorithmen und IT, Technikoptimismus wie -pessimismus weitaus schwieriger (be)greifbar und umso unübersichtlicher in unser Leben ein. Dazu kommt die grenzübergreifende Wirkung des Netzes mit seinen atemberaubenden erstaunlichen, aber eben auch durchaus schwierigen Folgen.

Als Christ Freiheit und Grundrechte wahren

Das alles wirft drängende Fragen auf: Bekommen wir die totalitäre Seite dieser Technik, die eine Überwachung und Kontrolle ermöglicht, wie es sie auf dieser Welt noch nicht gegeben hat, rechtsstaatlich eingehegt? Schaffen wir es gegen den Kommerzialisierungsdruck, unsere privaten Daten zu verteidigen? Gelingt es uns, eine Arbeitswelt zu gestalten, in der der Mensch nicht zum vermeintlich unberechenbaren Störfaktor wird?

Darin, in Zeiten realer Bedrohungen wie dem Klimawandel oder dem dschihadistischen Terrorismus das Notwendige zu tun, dabei aber Maß zu halten, unsere lang erkämpften und erarbeiteten Freiheiten und

Grundrechte nicht zu opfern, unsere Privatsphäre weder ungebremst den Bedürfnissen der digitalen Datenwirtschaft noch übergriffigen Geheimdiensten preiszugeben, sehe ich derzeit meine Hauptaufgabe – als Politiker, als Bürger und als Christ.

„Man muss Gott mehr gehorchen als den Menschen"[1]

Predigt zum Buß- und Bettag 2014

Konstantin von Notz

Von Anfang an hat die Reformation auch politisch gewirkt. Martin Luther und die anderen Reformatoren bestimmten den Charakter und die Aufgaben von politischer Gewalt und Kirche neu. Ihre Einsichten haben kulturelle Spuren hinterlassen, die bis heute gesellschaftliche Relevanz entfalten.

In einer Predigtreihe zum evangelischen Themenjahr Reformation und Politik predigten 2014 Vertreterinnen und Vertreter verschiedener politischer Parteien mit evangelischem oder katholischem Hintergrund in der Kaiser-Wilhelm-Gedächtnis-Kirche Berlin. Konstantin von Notz sprach über das Spannungsverhältnis von Gewissensfreiheit und weltlicher Macht – vor dem Hintergrund der Geheimdienst-Enthüllungen des Whistleblowers Edward Snowden und ausgehend vom Apostelsatz: „Man muss Gott mehr gehorchen als den Menschen."

---

[1]   Predigt zum Buß- und Bettag 2014 in der evangelischen Kaiser-Wilhelm-Gedächtniskirche, Berlin im Rahmen der Veranstaltungsreihe „Reformation und Politik" unter Leitung von Pfarrerin Dr. Cornelia Kulawik.

Am Buß- und Bettag wird es einem besonders deutlich:
Wir sind gefangen in unserem Alltag, in Konventionen,
in Verpflichtungen und durch Abläufe. Gefangen durch
Ansprüche und Erwartungen an uns. Kurz durch „das
Leben". Das hat uns fest im Griff. Reue? Umkehr? Veränderung? Was soll das? Wie soll das gehen? Wir hinterfragen viel zu selten: was wir tun, wie wir es tun,
warum wir es tun. Dabei ist ja der freie Wille – also die
Entscheidung was wir, wie, warum tun – das, was uns
als Menschen ausmacht.

Und vor diesem Hintergrund steht ein mächtiger Satz
in der Apostelgeschichte 5,29: „Man muss Gott mehr
gehorchen als den Menschen."

Der Satz fällt in einer Geschichte, in der sich Petrus
und die Apostel der Obrigkeit widersetzen. Sie lehren
und heilen Menschen und der Hohepriester lässt sie
dafür ins Gefängnis werfen. Aber der Engel des Herrn
führt sie aus dem Gefängnis und sagt ihnen, sie sollten
im Tempel weiter zu den Menschen reden, lehren und
heilen. Und genau so machen sie es. Vor dem Hohepriester zur Rede gestellt, warum sie sich nicht an das
strenge Gebot gehalten haben, antworten Paulus und
die Apostel: „Man muss Gott mehr gehorchen als den
Menschen."

Dieser Satz steht für einen Anspruch an Selbstverant-
wortung des Menschen. Wer diesen Satz ernst nimmt,
der kann nicht sagen:

- „Was ich tat, war eben Gesetzeslage" oder

- „Es entsprach dem Zeitgeist" oder

- „Das war aber ein Befehl" oder

- „Alle haben das von mir erwartet" oder

- „Das haben wir aber immer so gemacht".

All diese und ähnliche Floskeln sind unsere tägliche Entschuldigung, nicht zu hinterfragen, nicht auszubrechen, nicht zu widersprechen. Aber Petrus und die Apostel haben sich nicht auf solche Floskeln zurückgezogen. Der Engel des Herrn hat zu ihnen gesprochen und das zählt für sie mehr als das strenge Gebot des Hohepriesters. Es zählt für sie mehr als ein weltliches Gesetz. Trotz der akuten Bedrohung mit Strafe, der sie ausgesetzt sind.

Für mich folgt aus der Apostelgeschichte 5,29: Der Mensch ist für das, was er tut oder eben nicht tut, selbst in der Haftung. Das ist ein harter Anspruch und eine brutale Verantwortung. Aber es ist eben auch die zwingend erforderliche Grundlage unserer individuellen Freiheit.

Doch was bedeutet das für uns heute konkret? Wann kommt der Engel des Herrn, befreit uns aus dem Gefängnis und sagt, was wir tun sollen?

Das sind Fragen, die einem am Buß- und Bettag schon mal kommen können. Und da hilft weiter, dass wir in dieser Zeit auf ein bedeutendes Jubiläum zusteuern. Das der Reformation vor bald 500 Jahren. Martin Luther, Johannes Calvin, Philipp Melanchthon, Ulrich Zwingli, Katharina Zell oder Argula von Grombach ging es vor 500 Jahren bei der Reformation zunächst um das Verhältnis zwischen Gott und Mensch.

In diesem reformatorisch geprägten Verständnis des Verhältnisses von Gott und Mensch gibt es einen anderen bekannten Satz, der sehr an die Apostelgeschichte erinnert. Martin Luther soll vor dem Reichstag zu Worms im April 1521 gesagt haben: „Hier stehe ich, ich kann nicht anders." Wobei das wohl die verständliche Story- und Filmversion der Aussage Luthers war. Ursprünglich hieß es: „Ich kan nicht anderst, hie stehe ich, Gott helf mir. Amen."

Heute glaubt man, er hat seine Erklärung mit den Worten geschlossen: „Derhalben, ich nicht mag noch will widerrufen, weil wider das gewissen zu handeln, beschwerlich, unheilsam und gefehrlich ist. Gott helf mir! Amen."

Luthers Sätze bringen den Konflikt der Gewissensfreiheit gegenüber institutionellen Zwängen zum Ausdruck. Sie beschreiben eine Grenze weltlicher Macht vor der Verantwortung des menschlichen Gewissens und es ist wahrscheinlich nicht zu verwegen, zu glauben, dass wir uns am Buß- und Bettag bewusst machen, auf diese Stimme unseres Gewissens so hören, wie Paulus und die Apostel auf den Engel des Herrn.

Vor wenigen Tagen habe ich einen Dokumentarfilm gesehen: *Citizen Four* von Laura Poitras. Es geht um Edward Snowden. Einen Whistleblower, der das strukturelle, organisierte, völkerrechtswidrige Agieren des amerikanischen Geheimdienstes NSA, aber auch anderer Dienste anderer Länder aufgedeckt hat. In einer Whistleblowing-Aktion – da sind sich Anhänger und Kritiker Snowdens einig – die es so bisher wohl noch nicht gegeben hat. Edward Snowden arbeitete für einen Dienstleister der NSA. Er lebte bis vor 18 Monaten in einem Haus auf Hawaii, verdiente gutes Geld, war mit seiner Freundin auf dem besten Weg ein ganz normales Leben zu führen.

Der Dokumentarfilm zeigt den neunundzwanzigjährigen Snowden in einem Hotelzimmer in Hong Kong, kurz bevor und während der größte Überwachungsskandal aller Zeiten durch ihn öffentlich wird. Laura Poitras, die Regisseurin konnte Snowden in diesen spannenden, intensiven Tagen mit der Kamera begleiten. Edward Snowden hatte niemanden von seinen Plänen erzählt. Nicht seinen Kollegen, nicht seinen Eltern, nicht seinen Freunden, nicht seiner Partnerin. Er hat die Sache ganz alleine mit sich ausgemacht. Niemand der Menschen, die ihn kennen und lieben, wissen wo er ist, was er vorhat, denn er weiß, dass jeder Mitwisser erbarmungslos zur Verantwortung gezogen würde. Das Spannende an dem Film *Citizen Four* ist, dass man Snowden sieht, der seine Entscheidung, nach seinem Gewissen und nicht nach dem Gesetz zu handeln, schon getroffen hat. Der aber im Verlauf der Gespräche über Tage in dem Hotelzimmer erst erfasst, welche Konsequenzen sein Handeln haben wird. Er versteht, dass er seine bürgerliche Existenz verliert. Und das nichts mehr so sein wird, wie es war. Kein Haus auf Hawaii, keine Arbeit, kein geregeltes Einkommen, kein normales Familienleben.

Was mir an Snowden in diesem Film besonders gut gefällt: Er nimmt nicht andere in die Haftung, er zieht die Konsequenzen für sich. Er gibt Acht, dass keine Agenten aufliegen, dass niemand zu Schaden kommt. Aber dennoch er verstößt mit dem, was er offenbart hat, gegen geltendes Recht. Die USA wollen seine Auslieferung und im Falle einer Verurteilung kann er mit mehreren Jahrzehnten Freiheitsstrafe rechnen. Er hat aus meiner Sicht keinen erkennbaren Vorteil aus dem, was er getan hat, außer mit seinem Gewissen in dieser Sache im Reinen zu sein. Oft wird gefragt, ist Snowden ein Held oder ein Verräter? Ich kann mit diesen Kategorien eigentlich wenig anfangen. Ich glaube nicht, dass Menschen Helden sein können. Dazu sind wir alle zu gefangen in unseren Schwächen, Verfehlungen, in unserer Ferne zu Gott.

Luther, Snowden, Gandhi, Mandela – ihnen allen ist eins gemein. Sie haben nicht andere in die Haftung genommen sondern sich selbst. Sie haben sich selbst in die Verantwortung gezogen. Sie standen da und konnte nicht anders vor ihrem Gewissen oder – wenn sie so wollen – vor Gott. Aber Menschen können aufgrund einer Gewissensentscheidung etwas Mutiges, etwas

Richtiges, etwas Revolutionäres tun – und nur weil es vielleicht nicht gesetzeskonform ist, bedeutet das nicht, dass es falsch sein muss. Das wissen wir aus der deutschen Geschichte.

Aber eben auch aus der Apostelgeschichte 5, 29. Denn: „Man muss Gott mehr gehorchen als den Menschen."

Zur Person

Foto: © von-notz.de

Dr. Konstantin von Notz wurde 1971 in Mölln (Schleswig-Holstein) geboren. 1991 machte er sein Abitur an der Freiherr-vom-Stein-Schule in Frankfurt/Main, es folgten 18 Monate Zivildienst in der Bahnhofsmission am Frankfurter Hauptbahnhof. In Heidelberg legte er 1998 das erste Staatsexamen in Jura ab und schrieb eine Dissertation im Evangelischen Kirchenrecht. Für das zweite Staatsexamen ging er zurück nach Schleswig-Holstein ans Lübecker Landgericht. Von 2004 bis 2009 arbeitete er als Rechtsanwalt in Mölln. Seit der Bundestagswahl 2009 ist er für Bündnis 90/Die Grünen Mitglied des Deutschen Bundestages und seit 2013 stellvertretender Fraktionsvorsitzender.

Politische Schwerpunkte setzt von Notz in der Netz-, Innen- und Gesellschaftspolitik. In der 18. Wahlperiode wurde er erneut ordentliches Mitglied im Bundestags-Innenausschuss sowie Obmann im NSA-Untersuchungsausschuss und im Ausschuss Digitale Agenda. Darüber hinaus ist er stellvertretendes Mitglied im Ausschuss für Recht und Verbraucherschutz sowie im Wahlausschuss.

Bad Herrenalber Akademiepreis

Der vom Freundeskreis der Evangelischen Akademie Baden e. V. seit 1992 ausgelobte Bad Herrenalber Akademiepreis will „das Gespräch zwischen Theologie und anderen Wissenschaften, zwischen Kirche und einzelnen Gruppierungen unserer Gesellschaft fördern". Gewürdigt wird jeweils ein Autor oder eine Autorin eines herausragenden Vortrages aus den Tagungen der Evangelischen Akademie Baden. Die Beiträge zum Akademiepreis werden seit 2000 in der Reihe „Herrenalber Forum" publiziert, zuvor in der Akademie-Zeitschrift „Diskussionen".

Den Bad Herrenalber Akademiepreis haben bisher erhalten:

Der Journalist und Philosoph *Prof. Dr. Jürgen Werner* (Frankfurt) 1992, der katholische Theologe *Prof. Dr. Urs Baumann* (Tübingen) 1993, der evangelische Theologe *Prof. Dr. Hermann Timm* (München) 1994, der Soziologe *Prof. Dr. Michael N. Ebertz* (Freiburg) 1995, der Germanist *Prof. Dr. Günter Scholdt* (Saarbrücken) 1996, die Politologin *Prof. Dr. Ingrid Schneider* (Hamburg) 1997, der Historiker *Prof. Dr. Bernd Martin* (Freiburg) 1998, der Sozialarbeitswissenschaftler *Prof. Dr. Konrad Maier* (Freiburg) 1999, der Tourismusforscher *Dr. Christoph Hennig* (Corniglia/Italien) 2000, der evangelische Theologe und Kirchenmusiker *Prof. Dr. Peter Bubmann* (Erlangen) 2001, der Physiker *Prof. Dr. Peter A. Henning* (Karlsruhe) 2002, die katholische Theologin *Prof. Dr. Irmtraud Fischer* (Bonn) 2003, der katholische Theologe und Literaturwissenschaftler *Dr. Christoph Gellner* (Luzern) 2004, der Journalist *Dr. Alexander Kissler* (München) 2005, der evangelische Theologe *Prof. Dr. Manfred Oeming* (Heidelberg) 2006, der Soziologe *Dr. Albrecht Göschel* (Berlin) 2007, der Historiker *Dr. Andreas Kossert* (Warschau) 2008, der Theologe *PD Dr. Dirk Evers* (Tübingen) 2009, der Theologe *Prof. Dr. Hartmut Kreß* (Bonn) 2010, die Physikerin *Prof. Dr. Barbara Drossel* (Darmstadt) 2011, die Germanistin *Prof. Dr. Claudia Stockinger* (Göttingen) 2012, der Philosoph *Prof. Dr. Dr. Thomas Fuchs* (Heidelberg) 2013 und der Theologe *Prof. Dr. Peter Zimmerling* (Leipzig) 2014, der Rechtsanwalt und Politiker *Dr. Konstantin von Notz* (Mölln) 2015.

Akademiepreisträger im Herrenalber Forum

Peter Zimmerling

„Mitten im Gelärm das innere Schweigen bewahren"
Aspekte mystischer Spiritualität im Protestantismus

Herrenalber Forum Band 79, 93 S.,
ISBN 978-3-89674-583-5

**Bad Herrenalber
Akademiepreis 2014**

Ausgezeichnet wurde ein Vortrag zur aktuellen Diskussion um die Mystik, in dem die wegweisende mystisch geprägte Spiritualität des UNO-Generalsekretärs Dag Hammarskjöld (1905-1961) beleuchtet wird. Im Festvortrag zur Preisverleihung stellte Zimmerling dar, wie die Mystik der Innerlichkeit und die Mystik der Äußerlichkeit untrennbar zusammengehören. Erst im Zusammenklang von „Mystik und Politik", „Widerstand und Ergebung" entfalte sich die Kraft des Christlichen.

Thomas Fuchs

Leib, Geist und Kultur
Die Wahrnehmung des Menschen in Zeiten der Neurobiologie

Herrenalber Forum Band 76, 88 S.,
ISBN 978-3-89674-577-4

Die traditionelle abendländische Anthropologie beruht auf dem Gedanken einer grundlegenden Doppelnatur des Menschen. Als Naturwesen ist der Menscher ein Getriebener seiner Affekte und Impulse, als geistiges Wesen hingegen zu freier Selbstbestimmung befähigt. Der Mensch ist folglich ein Zwitter aus Animalität und Rationalität. Dem widerspricht der Heidelberger Philosoph und Psychiater Thomas Fuchs: Der Mensch sei kein widersprüchliches Kentaurenwesen, sondern eine Einheit von Natur und Geist, vermittelt durch leibliche Sozialität. Wohl könne diese Einsicht die Widersprüche der menschlichen Existenz nicht aufheben, trage aber dazu bei, sie nicht zu unüberwindlichen Gegensätzen zu verfestigen.

**Bad Herrenalber
Akademiepreis 2013**

Die Reihe **Herrenalber Forum** erhalten Sie im Buchhandel oder direkt über die Evangelische Akademie Baden, Postfach 2269, 76010 Karlsruhe.

www.ev-akademie-baden.de/hf